Walter Ernest Butler

TELEPATHIE

DIE GEHEIMNISSE DER GEISTIGEN KOMMUNIKATION

 AURINIA VERLAG

WALTER E. BUTLER, »TELEPATHIE – DIE GEHEIMNISSE
DER GEISTIGEN KOMMUNIKATION«
Aus dem Englischen von Dorothea Jankowski

Dieses Buch wurde auf FSC®-zertifiziertem Papier gedruckt. FSC® (Forest Stewardship Council®) ist eine nicht staatliche, gemeinnützige Organisation, die sich für eine ökologische und sozialverantwortliche Nutzung der Wälder unserer Erde einsetzt.

Umschlagfoto: fotolia.com
Umschlaggestaltung, Satz und Herstellung: Robert B. Osten

Printed in EU
ISBN 978-3-937392-59-2

4. Auflage

Aurinia Verlag · Bramfelder Straße 102A · 22305 Hamburg · Germany
info@aurinia.de
Besuchen Sie auch unsere Website: **www.aurinia.de**

INHALTSVERZEICHNIS

VORWORT

or einigen Jahren, um genau zu sein sogar vor vielen Jahren, gab es einen kleinen aber bedeutenden Verlag namens Aquarian Press. Er war eine Zeit lang der einzige Herausgeber okkulter Werke und viele Autoren, ich selbst eingeschlossen, waren auf ihn angewiesen, um unsere Arbeit an den Mann zu bringen. Aber alle guten Dinge finden ein Ende und so wurde auch dieser Verlag von einem größeren Fisch geschluckt und existiert nun nur noch als kleiner Imprint. Zu seiner Zeit veröffentlichte er aber das, was man die ersten okkulten Übungsbücher nennen könnte. Den Grundstein dafür bildeten die Werke von Dion Fortune und Walter Ernest Butler, die heute beide in der okkulten Welt als Legende gelten.

Ernest Butler (er benutzte nie seinen ersten Vornamen Walter) fing an, eine Reihe von leichten Büchern zu schreiben, die dazu bestimmt waren, als solide praktische Anleitungen für die Entwicklung von verschiedenen paranormalen Begabungen zu dienen. Seitdem, auch wegen der jetzt offeneren Sichtweise in Bezug auf solche Dinge, sind viele Bücher zu diesen Themen herausgekommen. Was aber Klarheit, Direktheit und praktischen, gesunden Menschenverstand angeht, sind diese Bücher von W. E. Butler die besten Ratgeber.

Ich ließ mich ausbilden und arbeitete mit Ernest Butler für zehn wundervolle und informative Jahre zusammen und kann Ihnen aus erster Hand versichern, dass er ohne Zweifel einer der größten und profundesten Lehrer seiner Zeit war.

In diesem Buch zum Thema Telepathie stellt er klar heraus, was erreicht werden kann und was nicht. Er macht Ihnen keine falschen Hoffnungen und verspricht keinen sofortigen Erfolg, sondern bringt Ihnen bei, zu akzeptieren, dass diese Fähigkeit in der Menschheit latent vorhanden, aber zur jetzigen Zeit selten anzutreffen ist. Er spricht die nötigen Umstände an, die Fähigkeit sich zu sammeln und zu visualisieren, sowie die Techniken für sowohl den Sender als auch den Empfänger. Dabei kommt er auch auf das automatische Schreiben und auf Experimente, die mit Pflanzen gemacht wurden, zu sprechen. Er packt die Erfahrung und das Wissen eines ganzen Lebens in ein doch sehr dünnes Buch.

Nun ist all das auch auf Deutsch verfügbar geworden dank der Weitsicht und des Enthusiasmus des Herausgebers Robert B. Osten. Dem füge ich meine eigene Empfehlung hinzu. Lesen, lernen und genießen Sie.

Insel Jersey, im April 2011

Dolores Ashcroft-Nowicki

Studiendirektorin der Servants of the Light

EINFÜHRUNG

egenwärtig sind wir Zeugen einer Reihe von Bewegungen in Richtung eines neuen Denkens, neuer Lebensperspektiven und neuer Forschungsansätze auf Gebieten, denen man früher nur mit Verachtung begegnete.

Auch wenn es nur wenige Jahre her ist, seit Walter Ernest Butler diese Worte schrieb, haben sie sich bereits als wahr erwiesen. In der Tat entwickeln wir uns in einer Weise, wie wir es uns vor ein paar Jahren nicht hätten vorstellen können. Einer der wichtigsten Fortschritte ist dabei das neue Wissen um das menschliche Gehirn und dessen schier unglaublichen Möglichkeiten. Zu diesen Möglichkeiten gehört natürlich auch die Telepathie.

Sogar die engstirnigsten Wissenschaftler räumen inzwischen ein, dass der Mensch in jener Region des Gehirns, welche wir das limbische System nennen, über weitere Sinne verfügen könnte. Ein sehr passender Vergleich ist hier das Bild der »schlafenden Prinzessin«, die in ihrem verzauberten Turm darauf wartet, von einem Auserwählten befreit zu werden. Wir verfügen in der Tat über einen Teil unseres Selbst, den man erst heute zu verstehen beginnt, der jedoch vermutlich der Hauptsitz vieler sogenannter paranormaler Fähigkeiten ist. Ich würde diese lieber normal nennen und vorschlagen, dass der Mensch sich im Allgemeinen unterhalb seines vollen Potenzials als denkendes Wesen bewegt. Es scheint, als hätten wir unser wissenschaftliches und logisches Gehirn auf Kosten unserer angeborenen, natürlichen Talente entwickelt. Gerne wird das Altertum romantisiert und die Völker vergangener Zivilisationen als Superwesen angesehen, die über teils »magische« Kräfte verfügten, welche uns heute leider abhanden gekommen sind. Dies ist eine sehr naive Betrachtungsweise. Der Mensch kann das Leben in und um sich sowohl vom wissenschaftlichen als auch vom intuitiven Standpunkt aus erfassen. Beide Arten sind im Verlauf unserer Evolution immer von gleichwertiger Bedeutung gewesen. Je eher dies verstanden wird, um so schneller wird der Mensch lernen, mit seinen Mitmenschen auszukommen und seine Probleme zu lösen.

Es ist genauso falsch, wenn eine Seite die Erkenntnisse der Wissenschaft verachtet oder diese Wissenschaft die anerkannte Existenz psychischer Phänomene verneint. Natürlich ist die Wissenschaft in mancher Hinsicht wenig ethisch vorgegangen – und dies geschieht leider immer noch – doch braucht sich die andere Seite darauf nichts einzubilden, denn gerade aus dieser Haltung heraus ist eine gegenseitige Abneigung entstanden. Tatsache ist, dass wir Menschen dazu ausersehen sind zu wachsen und unsere Fähigkeiten auf beiden Gebieten gleichzeitig zu entwickeln. Manche von uns wurden geboren, um zu forschen, zu entdecken und zu erfinden, andere, um zu fühlen und sich auszudehnen, um so auf den subtileren Ebenen des Lebens wirksam zu werden. Arbeiten beide Seiten zusammen, rücken die Sterne in unsere Reichweite; stehen sie sich weiterhin feindselig gegenüber, tragen sie zum Elend der Welt bei.

Auch wenn die Priester und Priesterinnen der alten Welt über große psychische Gaben verfügten, war es ihnen versagt Leben zu retten, wie wir das heute können.

Wissen war nur wenigen zugänglich, und die damaligen Lebensumstände wären für den größten Teil derer, die heute behaupten, früher sei alles besser gewesen, absolut untragbar gewesen. Wir können nicht leugnen, dass die Wissenschaft unsere Lebensqualität in mancher Hinsicht verbessert hat, auch wenn diese Verbesserungen nicht gerade gerecht verteilt worden sind. Die herzlosen Aspekte der Wissenschaft bedürfen in erster Linie der humanisierenden, mitfühlenden Kräfte des psychisch Begabten.

So gesehen bedeutet die Telepathie mehr als ein bloßes Hin- und Hersenden von im Voraus abgesprochenen Signalen zwischen »Sendern und Empfängern«. Es ist auch das Üben eines erhöhten Gewahrseins anderer – die Vermittlung einer liebevollen, mitfühlenden Einstellung anderen Menschen gegenüber, wenn Sie es so wollen. Es gibt sowohl eine bewusste als auch eine unbewusste Telepathie, die zwischen den Völkern auftritt und allmählich den gesamten Planeten beeinflusst. Es ist diese Art von Telepathie, die den Verlauf der menschlichen Geschichte mitbestimmt. Ständige Angst und Spekulationen über die bevorstehende Zerstörung unserer Zivilisation können mit der Zeit genau die Situation heraufbeschwören, vor der man sich so sehr fürchtet. Dies ist natürlich genau die Art von Aussage, bei der Wissenschaftlern der Kragen platzt, doch können sie auch angesichts solcher Äußerungen nicht leugnen, dass jedes vom Menschen erzeugte Ding, vom Baby bis zum Kriegsschiff, das Resultat des einen oder anderen Denkvorganges ist. Denken ist ein kreativer Prozess; überträgt man diesen von einem Ort zum anderen, ist es Telepathie.

An anderer Stelle schreibt Walter E. Butler: »Wenn man sich mit einem neuen Thema befasse, ist es vernünftiger, bereits Geschriebenes zu lesen, um dann von dort aus fortzufahren.« Wo es um die psychischen Sinne geht, würde ich diesem Rat noch hinzufügen, dass man sich mit den neuesten Erkenntnissen auf dem Gebiet der Neurophysiologie auseinandersetzen sollte, denn dies ist ein wesentliches Gebiet, wo sich Wissenschaft und Okkultismus treffen, vermischen und ergänzen, um jenes »neue Denken« hervorzubringen, das Walter E. Butler so trefflich voraussah.

Von vielen Schülern des Okkulten wird der Fehler begangen, alles in vergeistigten Ausdrücken zu sehen. Doch während sie ihre Studien zum Guten einsetzen und diesen spirituellen Aspekt mit einbeziehen sollten, bleibt dessen Grundlage eindeutig ein materieller, der in Verbindung zu einem der ältesten Prinzipien der westlichen Tradition steht: Der ganze Mensch muss eingesetzt und verwandelt werden und nicht nur dessen Geist. Der Geist und somit das physische Gehirn müssen als lebenswichtiger Teil des gesamten Prozesses der Ausbildung von psychischen Kräften verstanden werden. Viel zu oft fehlt es dem modernen Adepten des Okkulten an den rudimentärsten Kenntnissen darüber, wie sein Gehirn beschaffen ist, wie es Informationen erlangt und speichert, und auf solch unterschiedliche Reize wie Gerüche, Geräusche und Farben reagiert. All dies gehört zu dem wichtigen Satz über «neues Denken».

Die Übungen, die Walter E. Butler in diesem Buch anbietet, gehören immer noch zu den besten auf diesem Gebiet, doch können sie in einen neuen Zusammenhang gebracht und weiter entwickelt werden. Butler hat immer darauf bestanden, dass seine Schüler das nahmen, was sie von ihm lernen konnten, um zu versuchen, es zu verbessern.

Abb. 1: Das Horus-Auge

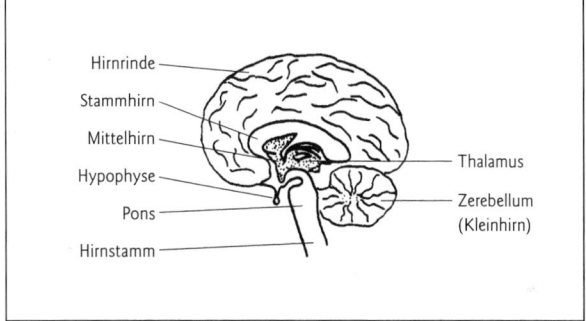

Abb. 2: Das Mittelhirn

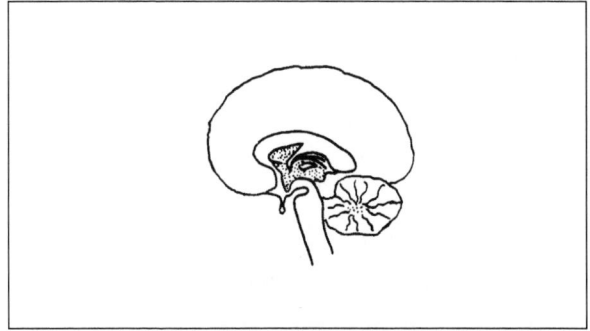

Abb. 3: Hier wurde das Horus-Auge über das Mittelhirn gelegt.

»Niemand«, pflegte er zu sagen, »sollte den Fehler machen zu denken, er habe das letzte Wort zu einem Thema gesagt, ganz gleich, worum es sich handelt; irgendwann, irgendwo wird jemand einen Schritt weitergehen.«

Es gibt Anzeichen dafür, dass die Wissenschaft zu guter Letzt anfängt, gewissen okkulten Erscheinungen Beachtung zu schenken, wobei sie diese auf bestimmte Gehirnregionen zurückführt. Dies tut deren Gültigkeit keinen Abbruch, im Gegenteil, es hilft sie zu bestätigen, da man davon ausgehen kann, dass Dinge, von denen wir zuvor nichts wussten, Teil des materiellen Universums werden. Ein Kabbalist würde vielleicht sagen, es sei der Punkt Kether, wo sich etwas manifestiert, auch wenn es sich dabei um einen bloßen Inspirationsfunken handelt.

Ein amerikanischer Psychiatrieprofessor hat die These aufgestellt, gewisse Formen der spirituellen Erfahrung hätten sehr unterschiedliche Auswirkungen auf den Erfahrenden, je nachdem wo diese intuitiven Impulse im Gehirn empfangen werden. Betreffen sie die Brücke von Nervenfasern, die die beiden Gehirnhälften miteinander verbindet, verflüchtigt sich ihre emotionelle Energie und somit ihre geistige Wirkung sehr schnell. Werden sie jedoch unmittelbar durch das Mittelhirn oder die limbische Gegend geleitet, bleibt die emotionelle Energie erhalten, und die Erfahrung wird eine große spirituelle Bedeutung erlangen, die bei der betreffenden Person tief greifende Veränderungen bewirken kann.

Das limbische System ist ein selbstständiges Gehirn, das man oft Mittelhirn nennt. Auf seiner kleinen Fläche finden sich die Geheimnisse der Erinnerung, von Freud und Leid, Schmerz, Zorn und Fortpflanzung, denn es ist das Reich der

Hypophyse. Dieses kleine Stück Gewebe von etwa der Größe eines Fingernagels ist die Schlüsseldrüse des Körpers und kontrolliert so verschiedene Funktionen wie Wachstum, üppiger oder spärlicher Haarwuchs und die Geschlechtsmerkmale. Es gibt Traditionen, die behaupten, die Lehrer der Antike hätten einiges über diesen Teil des Gehirns gewusst. Es mag ihnen zwar nicht bekannt gewesen sein, wie und warum die Hirnanhangdrüse funktioniert, doch wussten sie eindeutig von deren Existenz und in manchen Fällen sogar, wie sie mit primitiven Drogen und vor allem durch Duftessenzen zu beeinflussen ist. Nur der Geruchssinn hat direkten Zugang zu diesem Teil des Gehirns, wo durch den neuralen Kontakt zu anderen Teilen des endokrinen Systems alle wichtigen Hormone und chemischen Substanzen hergestellt oder aufgeboten werden. Das Bestehen der Geheimtraditionen auf den Gebrauch von Räucherwerk in Ritualen erhält eine neue Bedeutung, wenn man dies versteht.

Es scheint, als hätten wir in diesem kleinen, aber lebenswichtigen Gehirnteil einen direkten Zugang zu den unterschiedlichsten psychischen Kräften, darunter auch zu denen der Telepathie. Das Erlangen und Erinnern von Wissen hängt vom Gedächtnis ab, welches wiederum mit der Gegend des Ammonshorns im Mittelhirn zusammenhängt. Unsere kreativen Fähigkeiten scheinen von unserem Maß an Kontrolle über die Hypophyse anzuhängen; ob es sich dabei um einen bewussten oder unbewussten Vorgang handelt, bleibt ungewiss, doch müssen wir irgendwo beginnen. Was ist nun also mit dem dritten Auge, das man so lange als Brennpunkt der psychischen Kräfte betrachtet hat? Laut der Überlieferung befindet sich dieses über der Nasenwurzel zwischen den Augenbrauen und dürfte deshalb in Verbindung zur Zirbeldrüse stehen, die sich zufällig auch im Bereich des Mittelhirns befindet. Achten wir dabei auf die traditionelle Platzierung, lassen gewisse Dinge auf das bekannte Symbol der alten Ägypter schließen, das Horus-Auge. Jeder Adept des Okkulten kennt es, und sein einfaches und wirkungsvolles Design findet sich heutzutage auf vielerlei Schmuck.

Nur Wenige haben sich dabei gefragt, warum dieses Symbol gewisse Ausschmückungen erfahren haben mag, die man beim wirklichen Auge nicht findet, wo doch die Künstler des alten Ägypten meist sehr genau arbeiteten.

Abb. 1 zeigt die traditionelle Form des Horus-Auges, das beidseitig Erweiterungen aufweist. Zumeist wurde angenommen, dass dies lediglich Teil der Augenschminke sei, die zur damaligen Zeit sowohl von Männern als auch von Frauen getragen wurde.

Abb. 2 ist eine Karte des Mittelhirns, jener Region, die tief im Gehirninneren verborgen liegt und sicheren Schutz vor Verletzungen bietet. Die wichtigsten Teile sind hier namentlich angegeben worden, was uns zu Abb. 3 führt.

Hier ist das Horus-Auge über das Mittelhirn gelegt worden, mit dem es sich auf unglaubliche Weise deckt. Es ist unmöglich, keine Ähnlichkeit zum Symbol in Abb. 1 festzustellen.

Die Ägypter schrieben dem Auge allerlei Fähigkeiten zu, und sie glaubten, es sei ein selbständiges Wesen. In frühesten Zeiten, als es das Auge Ras war, erzählte man sich, es würde umherwandern und die Taten der Menschen beobachten, um seinen Meistern davon zu berichten. Einmal war das Auge so lange fort, dass es Ra durch ein anderes ersetzte, worauf das erste Auge sehr böse wurde und Ra seine Ungeduld vorwarf. Diese Fähigkeit, über große Abstände zu wirken und Begebenheiten zu beobachten, scheint einer ziemlich genauen Beschreibung der Telepathie und der Kunst der Astralprojektion zu entsprechen. Offenbar wurden viele von den Kräften, die wir heute als okkult bezeichnen, als Teil der Identität des Auges wahrgenommen, gleich ob es sich dabei nun um das Auge Ras, um das Horus-Auge oder das eines Priesters des Tempels handelte. Wäre es möglich, dass die Priesterschaft des Altertums auf eine ihr eigene Weise späteren Generationen über Tausende von Jahren hinweg einen Hinweis geben wollte, dass es etwas gibt, das für sie die Quelle der natürlichen geistigen Kräfte war?

Wir wissen, dass es Teile des Mittelhirns gibt, die sowohl für den Hunger als auch für den Durst verantwortlich sind. Sie sagen uns, wann wir essen und trinken sollen, und vermitteln uns das Gefühl, satt zu sein. Wurde ein Körper samt den Augen begraben, sagte man, sie würden den Verstorbenen auf seiner Reise mit »Bier und Brot« versorgen. Handelt es sich hier um einen weiteren priesterlichen Hinweis, der auf versteckte Kräfte im Menschen schließen lässt? Geraume Zeit hindurch war man der Meinung, diese Gegend betreffe einfach den Geruchssinn. Bis zu einem gewissen Grad stimmt dies ja auch. Dieser Sinn war von zentraler Bedeutung in der frühen Evolution der Menschheit. Man war darauf angewiesen, einen Feind oder ein wildes Tier zu riechen, ehe man von ihm gerochen wurde, und der Mensch konnte ohne den Geruchssinn nicht überleben. Aus der Geruchsregion heraus hat sich schließlich der Neocortex mit seiner komplexen rechten und linken Hirnhälfte entwickelt. Neuere Forschungen haben ein ganzes Heer an Kräften entdeckt, die studiert werden wollen und neue Einsichten über die Natur psychischer Fähigkeiten ermöglichen.

Walter E. Butler wäre von all diesen Dingen fasziniert gewesen und hätte viele glückliche Stunden damit zugebracht, die Vor- und Nachteile dieser oder jener Theorie zu diskutieren. Er hatte eine gute Nase für genau diese Art von Hinweisen, die ihn möglicherweise zu einem größeren Verständnis seiner selbst und seiner Mitmenschen hätten führen können.

Er wäre wahrscheinlich auch der Erste gewesen, der darauf hingewiesen hätte, dass der Schakal von allen Tieren den feinsten Geruchssinn besitzt, und dass er in der Wüste über große Entfernungen Spuren zu verfolgen vermag, die ihn zum Wasser führen. Er hätte auch bemerkt, dass der schakalköpfige Gott Anubis Herr der Magie war, was darauf schließen lässt, dass er um die Fähigkeiten des Mittelhirns wusste.

Indem wir Walter E. Butlers Rat befolgen, auf die Vergangenheit aufzubauen und an den unwahrscheinlichsten Orten nach Hinweisen zu suchen, müssen wir besonders im Fall der Telepathie nach Wegen Ausschau halten, die das ergänzen und erweitern, was in diesem Buch vorgeschlagen wird. Tun wir dies, wird seine Arbeit nicht umsonst gewesen sein oder untergehen; sie wird vielmehr zu einem Gerüst, auf das wir neue Ideen aufbauen können.

Die meisten Leute verstehen nicht, dass wir bei totaler Telepathie wahrscheinlich innerhalb von Minuten irrenhausreif wären. Der Kakofonie der Welt gegenüber ständig offen zu sein, wäre mehr als der menschliche Geist ertragen könnte. Es ist unser Vorteil, dass wir auf dem Weg der Entwicklung zu einer Rasse von Telepathen nur sehr langsam voranschreiten.

Man wird sich wahrscheinlich fragen, ob ich mich als

Schülerin Butlers selbst auch telepathisch betätige. Die Antwort lautet ja, doch meistens geschieht dies ganz unbewusst. Wenn mein Mann und ich zum Beispiel am Wochenende in der Stadt an entgegengesetzten Orten einkaufen gehen, ist es schon oft vorgekommen, dass ich etwas ins Regal zurücklegte, weil ich dachte: »Das hat Mike schon besorgt.« Auch ihm passiert es oft, dass er seine Schritte zurückverfolgt, weil er »weiß«, dass ich das, was er kaufen wollte, bereits eingepackt habe. Häufig beschließen wir auch unabhängig voneinander, etwas nicht einzukaufen, von dem wir meinen, der andere habe bereits daran gedacht, nur um beide mit leeren Händen nach Hause zu kommen! Das gehört aber dazu und macht Spaß, und ich benutze dieses Wort ganz bewusst, denn wenn die Sache mühsam wird, sollte man es lieber eine Weile bleiben lassen, bis sich wieder ein abenteuerliches Gefühl einstellt.

Manchmal versuche ich auch, meinen Mann, meine Kinder oder meine Eltern absichtlich zu erreichen. Das ist weitaus schwieriger, und ich habe die Erfahrung gemacht, dass ich die besten Resultate mit einer der beiden folgenden Methoden erreiche: Ich sende entweder ein starkes Signal aus und verbanne dieses dann sofort aus meinen bewussten Gedanken oder ich mache daraus ein »Leuchtsignal«. Das Zweite ist am leichtesten. Dazu fasse ich die Botschaft erst einmal so kurz wie möglich, um sie dann in eine Symbolform zu übersetzen. Natürlich funktioniert dies nur bei Menschen, die einem nahe genug stehen, um dieses Zeichen entweder erraten oder sich eine gezielte Vorstellung von dem machen zu können, was es bedeutet. Dann stelle ich mir vor, ich würde dieses Signal wie den Strahl eines Leuchtturms in einem regelmäßigen Rhythmus an den betreffenden Menschen senden. Ich will nicht behaupten, dass ich diese Technik perfekt beherrsche, doch hat sie mir manchen Anruf beschert, der gemacht wurde, ohne dass der oder die Betreffende sich das vorgenommen hatte, bevor ich sie zu kontaktieren versuchte. »Ich dachte, ich ruf schnell mal an und höre mal, wie es dir geht«, heißt es dann.

Um für einen Augenblick auf das Mittelhirn zurückzukommen, so gibt die Hirnanhangdrüse ein schwaches Licht ab. Man könnte sogar sagen, wir hätten ein Lämpchen im Kopf. Bei den wenigen Gelegenheiten, die ich versuchte, dieses Licht zu benutzen, um damit eine Botschaft zu übermitteln, habe ich etwas mehr Erfolg gehabt als sonst. Nicht genug, um sagen zu können »So wird's gemacht!«, aber ausreichend, um zu meinen, die Sache sei der Mühe wert, dass man ihr mehr Zeit widmet als mir zwischen der Hausarbeit, meiner Tätigkeit als Lehrerin, Autorin und Vortragsrednerin bleibt.

Walter E. Butler geht davon aus, dass eine starke emotionelle Aufladung ein grundlegender Aspekt der Telepathie ist, und dies kann man gar nicht genug betonen. Ich glaube, dass hier häufig auch der Grund für das Scheitern wissenschaftlicher Versuche liegt. Man beachtet zu wenig, dass neun Zehntel der okkulten Arbeit eine Frage der emotionellen Aufladung sind, besonders wo es sich um psychische Fähigkeiten handelt. Ein Auto kann ohne Benzin nicht fahren; ohne die Berücksichtigung der Gefühle ist es beinahe unmöglich, Beweise von der Art zu erbringen, wie sie Wissenschaftlern so sehr am Herzen liegen. Oft genug finden solche Versuche in einer kalten und klinischen Umgebung statt, und die Leute, die sie durchführen, senden selbst telepathische Botschaften aus, in denen sie den Versuchspersonen deutlich zu verstehen geben: »Das, was du da versuchst, ist unmöglich, und wir glauben sowieso nicht daran.« Wenn dies, gepaart mit einem starken Gefühl der Feindseligkeit, geschieht, reicht es oft, um ein Scheitern hervorzurufen, egal wie gut das Medium ist. Zum Glück gelangen jetzt jüngere, offenere und frischere Köpfe in den Bereich der Parapsychologie, und wir können nur hoffen, dass sie Erfolg haben werden, wo andere scheiterten.

So wie ein Ritualmagier bereits existierende Gedankenformen wie die des Muttertags oder der Sonnenwenden einsetzen mag, kann auch jedes andere Gefühl dazu verwendet werden, telepathische Botschaften auszusenden. Der Nachteil dabei ist, dass man den Zeitpunkt und den Ort für diese Gefühle nicht immer wählen kann. Jeder von uns kennt Augenblicke, in denen wir uns plötzlich und ohne äußeren Anlass sehr glücklich fühlen. Nutzen Sie diese Stimmung, so lange sie anhält. Wo immer Sie sich befinden – und wenn es draußen auf der Straße ist – senden Sie mit dieser Welle des Wohlgefühls eine Botschaft der Liebe und der Anteilnahme. Vielleicht möchten Sie jemanden davon profitieren lassen, den Sie lieben und der weit weg ist. Sie können diesen Augenblick der inneren Freude aber auch der ganzen Welt schenken. Vergeuden Sie solche kostbaren Momente nicht. Das gehört genauso zur Macht der Telepathie, als wenn man sich hinsetzt und einem Partner Botschaften oder Symbole zusendet. So helfen Sie der Überseele der Welt in ihrem Kampf gegen die dunklere Seite des Lebens, die ewig versucht, diese niederzureißen. Auch auf Sie als Sender wird dies eine Auswirkung haben, denn Sie werden langsam spüren, dass Sie diese innere Freude öfter erleben. Nichts von dem, was Sie abgeben, geht verloren. Das ist das kosmische Gesetz von Geben und Nehmen. Jene, die sich dauernd mit Gefühlen der Düsterkeit, Mutlosigkeit und des Pessimismus herumtragen, finden sich mit der Zeit nur noch von ähnlichen Gedanken umgeben, die auf sie zurückfallen.

In diesem Buch wird Geduld als Haupteigenschaft dargestellt, die für die Praxis und Ausbildung von telepathischen Kräften unerlässlich ist. Die Geduld ist tatsächlich eine der Grundfesten dieser alten Kunst, und ich muss sagen, dass es leider nicht die Haupttugend der heutigen Generation ist, die gewohnt ist, alles »sofort« haben zu können. Bei meiner Aufgabe, die Arbeit von Walter E. Butler weiterzuführen, begegne ich vielen Menschen, die ihre enormen psychischen Gaben nicht zum Erblühen bringen, weil sie nicht genügend Zeit dafür bereitstellen. Jedes Training kennt Augenblicke der Langeweile für den Schüler, doch wenn genügend Wille und Hingabe vorhanden sind, geht dieser Moment vorbei, und nach einer »Dürreperiode« folgt ein neuer Schritt nach vorn. Es reicht nicht, ein paar Bücher zu lesen und ein paar Versuche zu wagen: Die versteckten Fähigkeiten müssen mit derselben Beharrlichkeit getestet und ausgebildet werden als wollte man Arzt oder Ingenieur werden.

Im dritten Kapitel werden unter der Überschrift »Ein bildliches Bewusstsein« einige gute Ratschläge gegeben, wie man das Bild aufbaut, das man telepathisch auszusenden wünscht. Die Fähigkeit, ein brauchbares Bild von etwas herzustellen, um es dann auf den Bildschirm des eigenen Gehirns zu projizieren, bildet einen weiteren Teil des psychischen Trainings. Es dient dazu, die Verwobenheit solcher Fähigkeiten zu illustrieren, weil jede von dem Erfolg der anderen abhängt. Wenn Sie das nicht einzusetzen wissen, was man bei der okkulten Arbeit kreative Vorstellungskraft nennt, werden Sie beim Aussenden und Empfangen von Bildern wahrscheinlich nicht sehr weit kommen.

Walter E. Butler macht uns klar, dass das Unterbewusste ein Bild weitaus besser zu vermitteln vermag als Worte dies tun. Da dem so ist, sollte die Kunst des Aufbauens von Gedankenbildern täglich geübt werden, bis jedes gewünschte Bild sofort auf unserem inneren Bildschirm erscheint. Die meisten okkulten Schulen machen es sich zur Aufgabe, ihre Schüler darin zu unterrichten, wie sie den vollen Gebrauch von dieser Fähigkeit machen können, indem sie bei der Meditation mit symbolischen Bildern arbeiten und ihnen innere Wege vor Augen führen, die einer sehr raffinierten Form von Tagträumen entsprechen. Dies ist für die Telepathie von derartiger Wichtigkeit, dass ich jenen, die sich dieses Werks annehmen wollen, raten würde, sich mehrere Wochen oder gar Monate darin zu üben, bis sie mit der eigentlichen telepathischen Arbeit beginnen.

Dies führt uns natürlich zum Studium der Symbolik, einem weiteren Teilstück im schwierigen Muster der okkulten Ausbildung. Partner, die zusammenarbeiten, sollten eine ähnlich gelagerte Kenntnis der Symbole haben, und damit meine ich nicht bloß jene, denen man häufig begegnet, sondern das ganze Spektrum der traditionellen Symbologie, die oft eine ihr ganz eigene Sprache anbietet. Es ist durchaus möglich, eine Botschaft in Symbolform abzufassen, wenn Sender und Empfänger sich derselben Interpretationen bedienen.

Es gibt eine Methode in Symbolen zu lesen und zu schreiben, die heutzutage in vielen Schulen angewandt wird und die sich den speziellen Bedürfnissen autistischer Kinder widmet. Diese Methode wurde von Karl Blitz erfunden, einem Österreicher, der in der Nähe der russischen Grenze aufwuchs und der sie auch als Erster anwandte. Schon früh in seinem Leben kam er zu dem Schluss, dass unsere Abneigung fremden Völkern gegenüber dadurch motiviert wird, dass wir ihre Sprache und ihr Denken nicht verstehen. Während er die Universität Wien als diplomierter Chemiker verließ, faszinierte ihn nach wie vor der Gedanke einer Symbolsprache, die allen zugänglich wäre.

Kurz vor dem Zweiten Weltkrieg wurde er in ein Konzentrationslager geschickt, wo wie er sagte: »Menschen wegen bloßer Worte umgebracht wurden.« Nach seiner Befreiung kam er nach England, wo er seinen Namen zu Charles Bliss (= Verzückung) änderte. Nachdem er einige Zeit in London gearbeitet hatte, gingen er und seine Frau nach Schanghai. Dort begann er sich für die chinesische Symbolik zu interessieren. Vor allem beeindruckte ihn die Tatsache, dass die Ideographien der schriftlichen Sprache von allen verstanden werden können, auch wenn es im Chinesischen Hunderte von verschiedenen Dialekten gibt. Er machte sich an die Erforschung von Bildsprachen.

Im Jahre 1943 wurde er wieder gefangen genommen, diesmal von den Japanern, doch er fuhr mit seiner Arbeit fort. Nach dem Krieg ließ er sich in Australien nieder, wo der lange Kampf um die Anerkennung seiner Ideen begann. Heute wird die Blisssche Symbolik bei der Ausbildung von behinderten Kindern auf der ganzen Welt angewandt. Sie ist dermaßen flexibel, dass sie sogar die kompliziertesten und abstraktesten

Gedanken auszudrücken vermag und sich als perfekter symbolischer Schlüssel für telepathische Versuche anbietet. Wenige Stunden genügen, um Bliss ziemlich schnell lesen und schreiben zu können, nach einigen Wochen beherrscht man es perfekt. Es wäre durchaus möglich, ein Buch wie dieses in Bliss-Symbolen abzufassen; dasselbe Buch könnte dann von einem Chinesen, einem Russen, einem Franzosen oder einem Schweden verstanden werden: Nur ein paar Lektionen und sie alle könnten es lesen und seine Bedeutung verstehen. Als ich dieser Methode das erste Mal begegnete, war mir sofort klar, dass sie im okkulten Bereich viele Anwendungsmöglichkeiten haben und sich sowohl bei ASW wie auch bei telepathischen Versuchen bewähren dürfte. Die von ihr eingesetzten Symbole sind sehr einfach, man kann sie sich leicht merken und deshalb auch bald jemanden anderem zusenden.

Für die, die sich für diese Methode interessieren, gibt es eine ausgezeichnete Einführung von Barbara Hehner, »Blisssymbols for Use«, die im Blisssymbols Communication Institute in London erschienen ist.

Es lässt sich kaum vermeiden, auf die anfangs zitierten Worte Walter E. Butlers zurückzukommen, denn hier haben wir es mit einem neuen Denkansatz zu tun, einem Kommunikationsmittel, das für Menschen entwickelt wurde, die sich nicht im üblichen Sinn ausdrücken können. Doch könnte sich gerade dieses System als nützlich erweisen, unsere Beziehungen auf eine höhere und neue Stufe anzuheben. Dies ist ein neuer Gedanke, der ausprobiert, diskutiert und entwickelt werden kann. Es ist äußerst wichtig, gerade auf dem Gebiet des Okkulten nicht selbstzufrieden zu sein. Es reicht nie und nimmer, sich nur auf das zu verlassen, was jemand anderes gesagt oder getan hat, auch wenn es sich dabei um eine Kapazität wie Walter E. Butler handelt. Leute wie er sind Wegbereiter im wahrsten Sinne des Wortes: Sie zeigen uns den Weg und ziehen sich dann zurück. Haben sie ihre Arbeit gut gemacht, werden ihre Schüler sie weiterführen und danach streben, sie zu verbessern. »Lehrer«, sagte Walter E. Butler, »sind wie die Sprossen einer Leiter. Ein Schüler bedient sich des Wissens seines Lehrers, um sich mit dessen Hilfe emporzuarbeiten, dann ist es an ihm, jemand anderem auf dem Weg nach oben zu helfen. Bleiben Sie offen für Neues, prüfen Sie es, um zu sehen, ob Sie es brauchen können, und wenn es der Mühe wert ist, seien Sie bereit, sich danach zu richten.«

Oft hemmen wir unseren Fortschritt durch unsere negative Lebenseinstellung. Wir denken zuerst an das, was wir nicht können und bauen Hürden vor uns auf, über die wir dann springen müssen. Jemand der nach okkulten Grundsätzen arbeitet, begegnet dem Leben ganz anders. Statt zu versuchen, es zu bekämpfen und/oder zu beherrschen, versucht er es zu »spüren«, einen Kontakt herzustellen und mit dem Strom zu schwimmen. Oft denken wir an das Leben, als sei es ein abstraktes Ding, doch es ist etwas, an dem wir teilhaben und das wir beeinflussen können, wenn wir es nur richtig anpacken. Leider ist für neun Zehntel der Menschheit das Leben eine Last, die ertragen werden muss. So wie es aber nur ein kleines bisschen Hefe braucht, damit das Brot aufgeht, wird jeder Gedanke der Liebe, des Glücks und der Kraft, welche man telepathisch aussendet, das Leben in seiner Ganzheit erhellen.

Das gehört zum telepathischen Heilen auf Weltebene, denn nicht die Menschen allein sollen geheilt werden, es ist die

Seele der Welt und ihrer Völker, die stets von jenen verletzt wird, die in ihrem Bannkreis leben. So groß sie auch ist, ist sie doch ein Gebilde, das in erster Instanz vom Menschen selbst geschaffen wird und so auch von ihm zerstört werden kann, wenn sein Wille sich stark genug darauf richtet. Deshalb ist es wesentlich, unsere Gedanken in Richtung dessen auszudehnen, was man in spirituellen Gemeinschaften »Planetares Bewusstsein« nennt. Entsprechend diesem Prinzip geht jede geistige Arbeit vom innersten Wesen aus und arbeitet sich zu neuen Grenzen vor. Würden wir bei telepathischen Sitzungen mehr nach einem Einklang mit der Weltenseele trachten, dürften wir dabei einige interessante Resultate erzielen.

Die jungen Leute, die heutzutage diese Art von Werk angehen, verfügen über eine Energie, eine Kraft und ein Gefühl von Dringlichkeit, welche es zu Walter E. Butlers Zeiten noch nicht gab. Doch er half die Aufbauarbeit zu leisten, die uns an die Schwelle eines neuen Jahrhunderts geführt hat. Er mag mit den Jahren alt geworden sein, im Herzen blieb er jung. Er hatte immer mehr als genügend Zeit für junge Leute und freute sich über ihre Ideen und Pläne für die Zukunft. Er sagte, wo ein Wille ist, würden sich auch Geduld und Verständnis einstellen; das spricht für sein eigenes Verständnis des Themas und für seine Menschenkenntnis, deshalb werden seine Bücher auch heute noch in der ganzen Welt gelesen. Er machte sich mit der direkten Art des Yorkshirers an sein Thema, und es war diese Art zu lehren, ganz ohne Schein und Umschweife, die ihn bei seinen Schülern so beliebt machte.

Ich nehme an, dass seine Arbeit mit der Zeit als überholt

gelten wird, ein Schicksal, dass allen Autoren droht, doch wird es immer solche geben, die in ihm den wahren Lehrer erkennen, weil sie zwischen den Zeilen zu lesen verstehen.

Vor vielen Jahren, nicht lange nachdem mein Mann und ich Walter E. Butler kennen gelernt hatten, besuchte ich ihn mit meinen Kindern in dem Tudor-Häuschen, das sein Zuhause war. Meine damals neunjährige Tochter war während langer Zeit ungewöhnlich still, dann ging sie, kurz bevor wir aufbrachen, zu ihm hinüber und nahm seine Hand. »Du erinnerst mich an den Kentauren Cheiron«, sagte sie. »Das war auch ein Lehrer.« Darüber musste er sehr lachen. »Du kommst der Sache näher als du weißt«, meinte er. Von diesem Tag an war er unser Cheiron. Wie sein Vorgänger dieses Namens war er den Vielen, die sich an ihn wandten und seinen Rat suchten, ein Lehrer und wurde von allen respektiert und geliebt.

Dolores Ashcroft-Nowicki

VORWORT

n diesem Buch habe ich versucht, einige Vorschläge darüber zu unterbreiten, was man unter dem Begriff Telepathie verstehen kann. Ein großer Teil davon beruht auf meinen eigenen Erfahrungen auf diesem Gebiet, wobei jeder, der sich auf ernsthafte Weise mit einem gegebenen Thema auseinandersetzt, der Verpflichtung obliegt, das Wissen, welches bereits vor seiner Zeit gesammelt wurde, zu berücksichtigen. Es gibt auf jedem Gebiet nur einige wenige Praktiker, die ihren Vorgängern wenig oder gar nichts schulden.

Eine große Mehrheit unter uns tut gut daran sich zu vergegenwärtigen, dass wir unseren Vorfahren heute nur deshalb so überlegen scheinen, weil wir geistig und philosophisch auf ihren Schultern stehen. Wir stehen auf immer in der Schuld der Vergangenheit, und wir werden es uns niemals leisten können, diese zu übergehen. So ist es auch bei einem Buch wie diesem, auch wenn wir beim Umgang mit dem Gegenstand der Telepathie behindert sind durch einen ausgesprochenen Mangel an schriftlicher Information und viel von dem, dessen wir uns bedienen, derart kompliziert dargestellt wurde, dass es für einen normalen Sterblichen äußerst schwierig war, sich daraus eine klare Meinung zu bilden.

Hauptquelle für das wenige vorhandene Schriftgut ist die British Society for Psychical Research. Es gibt auch noch eine oder zwei weitere Quellen, doch bleibt die Gesellschaft (im Text S. P. R.) die Autorität auf diesem Gebiet. In den letzten Jahren sind von manchen parapsychologischen Gesellschaften Studien unternommen worden, die einige Resultate auf dem Gebiet der Telepathie gezeigt haben, doch auch hier gilt zu bedenken, dass diese dem Laien nicht leicht zugänglich sind. Mit meiner Arbeit habe ich versucht, die wichtigsten Vorgänge der Telepathie in einfacher Form wiederzugeben, doch vor allem enthält sie die Ergebnisse meiner eigenen Forschung und Erfahrungen auf diesem Gebiet, welches sich der Untersuchung der versteckten Kräfte des Menschen widmet.

»Gnothi se auton« sagten die alten Griechen – »Erkenne dich selbst«. Dieser Rat wird uns auf den Weg zur Entfaltung unserer inneren Kräfte führen.

Schließlich möchte ich mich für den Beistand und die Hilfe bedanken, die mir von vielen meiner Kollegen gewährt worden sind; der größte Dank gebührt jedoch meiner Frau.

Dieses Buch soll jenen helfen, die sich zum ersten Mal mit diesem Thema befassen, es soll aber auch jenen dienen, die bereits einige Erfahrungen auf diesem Gebiet gesammelt haben. Dies ist mein aufrichtiger Wunsch, und in dieser Hoffnung sende ich es in die Welt hinaus.

Walter E. Butler

KAPITEL I
WAS IST TELEPATHIE?

enn eine eigenartige Begebenheit auf geistigem Gebiet den Durchschnittsmenschen aus seinen gewohnten Gedankenmustern aufrüttelt, hört man ihn oft ausrufen: »Das ist ja Telepathie!«, auch wenn dieses geflügelte Wort in den meisten Fällen fehl am Platze ist. Deshalb wollen wir den Ausdruck »Telepathie« vorweg definieren. Das Wort Telepathie entstand in den frühen Tagen der Society for Psychical Research (S. P. R.), die in viktorianischer Zeit gegründet wurde, um jene außergewöhnlichen Vorkommnisse zu untersuchen, die man heute allgemein »paranormale Phänomene« nennt. Die S. P. R. ist die wichtigste Quelle des wenigen Materials, welches bisher zum Thema Telepathie gedruckt wurde. Drei der Gründer der Gesellschaft waren Professor Sidgewick, Frank Podmore und F. H. W. Myers, ein klassischer Gelehrter und Dichter von beachtlichem Rang, der den Namen Telepathie schuf, welcher aus zwei griechischen Wörtern besteht, die zusammen »Fühlen auf Abstand« bedeuten. Dieser Begriff wurde geprägt, um alle angeblichen Fälle von außersinnlicher Tätigkeit zu umfassen, die eine »Handlung auf Abstand« zwischen Personen beinhalten. Seine eigene Erklärung für den Begriff war »die Kommunikation von Eindrücken jeder Art von einem Gehirn zum anderen, welche unabhängig von den anerkannten Sinneskanälen stattfinden«.

Diese Definition ist umfassend genug, um den meisten paranormalen Phänomenen gerecht zu werden, doch prägten er und seine Kollegen in der Gesellschaft noch einen weiteren Begriff für diese telepathische Aktion und Reaktion, wenn es sich dabei um deren bewusste Ausübung handelt. So entstand der Ausdruck »Gedankenübertragung«. Wir können der Einfachheit halber sagen, dass die »Telepathie« das größere und umfassendere Gebiet beinhaltet, von dem die »Gedankenübertragung« nur ein einziger Aspekt ist. Wie wir später sehen werden, gibt es noch weitere Spezialgebiete, mit denen wir uns auseinandersetzen müssen, doch werden wir für den Moment das Wort »Telepathie« sowohl für die bewusste wie auch für die unbewusste Übertragung von Gedanken, Gefühlen und Wünschen – vielleicht auch von anderen Dingen – verwenden. Nachdem die S. P. R. gegründet worden war, machten sich ihre Mitglieder daran, die Phänomene der Telepathie und der Gedankenübertragung von zwei verschiedenen Seiten zu studieren. Sie sammelten vielerlei Fälle von spontanen Äußerungen der Telepathie und untersuchten diese gründlich. Gleichzeitig starteten sie eine Reihe von sorgfältig entworfenen Versuchen in Gedankenübertragung.

EIN INTERNATIONALER RUF

Es ist für unsere derzeitigen Betrachtungen nicht nötig, weiter auf die Geschichte der S. P. R. einzugehen, doch möchte ich noch bemerken, dass sie sich auf internationalem Gebiet den Ruf einer Gesellschaft mit sehr hohen wissenschaftlichen Ansprüchen in Bezug auf alle paranormalen Vorkommnisse erworben hat. Das von der S. P. R. gesammelte Material hat somit einen hohen Aussagewert.

Gleichzeitig gilt zu beachten, dass die Gesellschaft als Ganzes außersinnlichen Dingen gegenüber keine bestimmte offizielle Haltung einnimmt. Jedes Mitglied kann seine eigenen Beobachtungen machen und aus den vorliegenden Beweisen seine eigenen Schlüsse ziehen, doch kann niemand im Namen der Gesellschaft sprechen und behaupten, diese oder jene Aussage entspreche der offiziellen Meinung der S. P. R.

Leider kommt es immer wieder vor, dass redegewandte Mitglieder der Gesellschaft durch ihre energischen Aussagen in der Öffentlichkeit die Presse dazu verleiten zu schreiben »Die S. P. R. sagt ... «.

Ganz abgesehen von den grundsätzlichen Arbeiten der S. P. R. werden auch anderenorts auf diesem Gebiet viele Untersuchungen vorgenommen. Wir sehen die Entstehung offizieller Untersuchen in einigen kommunistischen Staaten. Eine besondere Schwierigkeit ist jedoch der dominierende dialektische Materialismus Lenins und Marx', in welchem die erforschten Phänomene in einen rein materialistischen Rahmen gesetzt werden müssen. Doch gehorcht die Telepathie denselben Gesetzen wie andere bekannte materielle Energien? Natürlich nicht und so haben die Forscher hinter dem Eisernen Vorhang sicherlich große Schwierigkeiten, eine Lösung zu finden, um telepathische Phänomene in die allgemeine Ideologie des dialektischen Materialismus einzugliedern.

Es gibt auch andere, die nicht an eine besondere Ideologie gebunden sind und die zu verstehen versuchen, wie weit die Telepathie die Möglichkeit eines menschlichen Überlebens nach dem Tode begünstigt oder entkräftet. Es gilt zu beachten, dass dabei die Tatsache der Telepathie nicht mehr länger angezweifelt wird, außer von einer kleinen Gruppe von eingefleischten »Wissenschaftlern«.

DIE VEREHRUNG DES WISSENSCHAFTLERS

Natürlich besteht beim Publikum die allgemeine Reaktion, alle diese Dinge automatisch als einen »Haufen ... Blödsinn« abzutun, wobei man sich das entsprechende Adjektiv beliebig aussuchen kann. Doch auch solch kompromisslose Zweifler mögen privat zugeben, dass schon etwas dran sei und »die Wissenschaft es mit der Zeit schon rauskriegen wird«. Diese seltsame Verehrung des Wissenschaftlers lässt sich mit der früheren Verehrung der Geistlichkeit vergleichen. Ein »Wissenschaftler« ist jedoch jemand, der bei seinen Untersuchungen eine bestimmte geistige Disziplin einhält, und jeder, der sich diesen Methoden unterwirft, darf von sich behaupten, ein Wissenschaftler zu sein. Kurz gesagt: Ein Wissenschaftler beobachtet Phänomene, um daraus gewisse Theorien abzuleiten, die diese erklären und ermöglichen, sie zu reproduzieren, wobei er sich von verschiedenen Seiten an seine Versuche heranwagt, und schließlich fasst er die Resultate dieser Experimente in Form einer Hypothese zusammen. Diese Theorie – denn das ist eigentlich alles, was es ist – wird nun von anderen Wissenschaftlern aufs Genaueste überprüft und wahrscheinlich bald als modifiziert gelten, weil deren Versuche die eigene Wertvorstellung berücksichtigt haben. Auch gibt es viele Wissenschaftler, die – wie Theologen – neue Theorien deshalb nicht akzeptieren können, weil sie nicht in ihr eigenes Gedankenbild passen, und solche Menschen geben ihr Bestes – oder ihr Schlimmstes –, um sowohl diese Theorie als auch die Person ihres Protagonisten in Verruf zu bringen.

In allem menschlichen Denken besteht die Tendenz, sich der Meinung der Mehrheit anzuschließen. Man widerstrebt instinktiv jedem Fortschritt, besonders wenn es so aussieht, als müsse man dafür seine Meinung ändern. Nicht nur wird dagegen angekämpft, sondern man ist oft regelrecht aufgebracht, und unsere Geschichte zeigt nur allzu deutlich, in welche Tiefen auch redliche Menschen sinken können. Dies ist vor allem dem sehr mächtigen Herdentrieb zu verdanken, der uns gefühlsmäßig von vornherein gegen jede Veränderung einnimmt, die die etablierte Ordnung der Dinge durcheinander bringt. Also hat das menschliche Denken die Tendenz, sich entlang von ausgetretenen Pfaden zu bewegen, und daran ist nicht leicht etwas zu ändern. Aber wie der Professor in Oliver Wendells Buch »The Professor at the Breakfast Table« schon richtig sagt, kann ein ausgetretener Pfad dasselbe wie ein Grab sein, wenn auch nicht so tief. Jedoch kann solch ein Pfad auch zu einem Grab unabhängigen Denkens werden. Wie die Geschichte zeigt, unterliegen alle menschlichen Organisationen diesem Prinzip. Das beweist aber auch, dass es immer wieder Momente gegeben hat, in denen manche Menschen diese Trägheit überwinden konnten, ob sie nun wissenschaftlicher, medizinischer, religiöser oder ideologischer Natur waren.

PARANORMALE PHÄNOMENE

Gegenwärtig sind wir Zeugen einer Reihe von Bewegungen in Richtung eines neuen Denkens, neuer Lebensperspektiven und neuer Forschungsansätze auf Gebieten, denen von orthodoxen Institutionen früher mit Verachtung begegnet wurde. Es gibt viel Dummheit, Gutgläubigkeit und fanatisches Denken über diese paranormalen Phänomene. Dies gilt nicht nur für jene, die die Möglichkeit von psychischen und okkulten Phänomenen akzeptieren, sondern auch für die Gegenseite, die einem kompulsiven Glauben huldigt und sich weigert, überhaupt irgendeinen Beweis gelten zu lassen, und die ebenso fanatisch in ihrer Anklage und Verfolgung derer ist, die nicht so denken wie sie. Tatsächlich kann man sagen, dass diese beiden extremen Haltungen sich jedoch so ziemlich aufheben. Sie können getrost übergangen werden, damit beide die Sache untereinander ausfechten, unter Berücksichtigung ihrer jeweiligen Vorurteile. Hier hoffen wir, offene und liberale Geister aller Schichten zu erreichen und diese mit gewissen Informationen zu konfrontieren, die es ihnen ermöglichen, den Aspekt des Außersinnlichen sowohl theoretisch als auch praktisch zu untersuchen, und dies im wahren wissenschaftlichen Geist.

Manche mögen dabei sofort an Laborinstrumente denken – an Reagenzgläser, Bunsenbrenner oder elektrische Geräte –, die für sie untrennbar mit der Arbeit des Wissenschaftlers verbunden sind. Dies ist nur teilweise richtig, denn alles hängt von der Art der Untersuchung ab. Alle haben sie ihre Instrumente und manche dieser Apparaturen sind sehr kompliziert. Andere begnügen sich wiederum mit sehr einfachen Mitteln. Auf dem Gebiet der psychischen Wissenschaften benötigen die meisten Leute wenig technische Hilfe. Das Hauptinstrument ist man selbst, auch wenn man sich einiger Aufzeichnungsgeräte bedient.

So weit die Situation, wie sie vom wissenschaftlichen Standpunkt her aussieht. Dieser ist ein wichtiger Bestandteil unserer Arbeit, wenn wir Resultate hervorbringen wollen, die auch der strengsten Kritik standhalten können. Die meisten Leute kümmern sich jedoch wenig um die offizielle Seite der Wissenschaft. Sie wollen einfach für sich selbst herausfinden, ob eine solche Kraft wie die Telepathie tatsächlich existiert, wie sie funktioniert, wie sie von normalen Menschen entwickelt wird und was man damit anfangen kann. Dies führt uns in den Bereich moralischer Werte und Urteile, denn die Gabe der Telepathie kann, wie alle Gaben, zum Guten und zum Bösen eingesetzt werden.

Nach diesen einleitenden Bemerkungen gehen wir nun zu den allgemeinen Bedingungen über, unter denen die Telepathie funktioniert, wie auch zu den verschiedenen Formen, die sie annehmen kann. So kommen wir also jetzt zu den Grundvoraussetzungen zur Erweckung dieser Fähigkeit und zu den Techniken für ihre Verwirklichung. Wie viel ein jeder dabei von den wissenschaftlichen Methoden anwendet, sei ihm überlassen. Je mehr Ihre Arbeit sich mit den Maßstäben der Wissenschaft messen lässt, um so eher wird sie akzeptiert werden. Es ist meine Meinung, dass auch hier der Mittelweg der beste ist, denn man kann auch zu streng vorgehen. Die Versuchsobjekte, mit denen wir es bei unseren telepathischen Versuchen zu tun haben, sind weder leblose chemische Substanzen noch mechanische Instrumente, auch wenn einiges von diesem Material verwendet werden kann. Unsere Hauptinstrumente sind lebende, denkende, fühlende menschliche Wesen, und dies darf man niemals vergessen. Wenn man dieses persönliche Element vergisst, wie man es in der Vergangenheit immer wieder getan hat, führt es oft zu keinen oder zu schlechten Resultaten.

VERÄNDERLICHE STIMMUNGEN

Auch wenn die Fähigkeit zur Telepathie bei allen vorhanden ist, verlangt deren Entwicklung unendliche Geduld – eine Eigenschaft, die in dieser unruhigen Zeit nicht sehr häufig anzutreffen ist. Wie gesagt, unsere Instrumente sind lebendige, empfindsame und menschliche Wesen, deren geistiger und gefühlsmäßiger Zustand sich immer wieder verändert und so die Bedingungen beeinflusst, unter denen unsere Versuche stattfinden. Diese Stimmungsschwankungen werden sowohl beim «Sender» als auch beim »Empfänger« beobachtet. Vor allem aber gibt es eine Gefühlslage, die von einem viktorianischen Forscher beschrieben wird als »sich demütig vor der Natur zu verneigen und ihr zu folgen, wohin sie einen führt«. Am Anfang Ihrer Arbeit sollten Sie möglichst streng vorgehen, Später werden Sie gelernt haben, welche Situationen einen straffen Rahmen brauchen und in welchen eine entspannte Atmosphäre zuträglicher ist. Auch sollten Sie sich anfänglich mit den bestehenden Tatsachen auseinandersetzen. Der Aufbau einer Theorie kommt erst später.

Wenn man sich ein neues Gebiet vornimmt, ist es töricht, alles zu ignorieren, was früher darüber geschrieben wurde. Ohne auf das Wissen anderer zurückzugreifen, heißt nur kleine Fortschritte zu machen, und so sollte man sich das Material vornehmen, welches über dieses Thema bereits veröffentlicht wurde. Es ist gut möglich, dass andere, die in derselben Richtung arbeiten, Vorschläge über alternative Ansätze gemacht haben, die uns zu neuen Einsichten verhelfen. Auch können andere vor uns den Beweis erbracht haben, dass eine bestimmte Gedankenrichtung sich nicht zu verfolgen lohnt, und uns so davor bewahren, einer kalten Spur nachzugehen. Später, wenn wir vertrauter sind mit der Materie, werden wir vielleicht auch entdecken, dass manche dieser Untersuchungslinien vielleicht doch einen Wert haben; womöglich könnten Gründe für Misserfolge beim ursprünglichen Forscher zu finden sein.

In diesem Zusammenhang möchte ich kurz daran erinnern, dass früher Tonnen von Pechblende fortgeworfen wurden, nur weil sie nicht das bestimmte Metall enthielten, wonach man suchte. Das Ehepaar Curie nahm sich dieser Abfälle an und entdeckte, dass darin eines der seltensten und wichtigsten Metalle der Erde enthalten ist: Radium. Dies ist ein klassischer Fall dafür, wie man das Kind mit dem Bade ausschüttet! Deshalb kann es durchaus interessant und möglicherweise auch nützlich sein, wenn wir nach dem Festhalten unserer eigenen Befunde zurückblicken auf frühere Versuche, die damals keine Resultate erbrachten. Es kann schon passieren, dass eine neue Annäherung und neue Gesichtspunkte auch neue Fakten ans Licht bringen.

Wenn man Büchern wie diesem zum ersten Mal begegnet, ist es immer eine große Versuchung, die einführenden Kapitel zu überspringen. Manche Leute bilden sich auf eine solche Praxis sogar etwas ein. Sie wollen gleich mit den Übungen beginnen, sogleich anfangen. Einführende Bemerkungen wie diese haben jedoch einen zweifachen Wert. Einerseits bieten sie uns eine gute allgemeine Übersicht über das Thema, andererseits aber geben sie auch die Möglichkeit, unsere eigenen Vorkenntnisse zu ergänzen. Sie sind deshalb sinnvoll, weil sie unseren Geist auf die praktische Arbeit vorbereiten, die uns bevorsteht.

KAPITEL II
MATERIELLE VORAUSSETZUNGEN
FÜR ERFOLGREICHE VERSUCHE

s ist auf jedem Forschungsgebiet von Vorteil, wenn man sich einen gewissen Überblick verschafft, und dies gilt ganz sicher auch für das Gebiet der Telepathie. Auch wenn wir vielleicht nicht genau wissen, was alles dazu gehört (abgesehen von vagen Ahnungen), müssen wir uns doch vor Augen halten, dass kein Thema isoliert betrachtet werden kann. Es hängt immer mit vielen Gebieten zusammen, von denen manche sehr kompliziert sind und nur einen indirekten Bezug zu unseren Forschungen haben.

ETHISCHE ÜBERLEGUNGEN

Bevor wir uns die Telepathie im Einzelnen vornehmen, ist es angebracht, erst einmal unsere »Motive« zu untersuchen. Schließlich leiten uns ja gewisse Motive, weshalb wir neue Wege beschreiten möchten. Warum interessiert uns also die Telepathie? Es kann sich natürlich um einfache Wissbegierde handeln, doch reicht so etwas nicht aus, um eine Sache gründlich zu erforschen. Denn was machen wir mit unseren Erkenntnissen? Telepathie kann, wie jede andere Geistesgabe, sowohl zum Guten als auch zum Schlechten angewandt werden – in sich selbst verhält es sich neutral. So begeben wir uns in das Gebiet von Ethik und Moral und stürzen in einen Dschungel von entgegengesetzten Auffassungen, den auseinanderlaufenden Bräuchen und Gewohnheiten der verschiedenen Stämme unserer Zivilisation. Wir können uns in diesem moralisch-immoralisch-amoralischen Dschungel an Gedanken und Gefühlen leicht verlieren, wenn wir nicht ein paar einfache Richtlinien haben, an die wir uns halten können; einen Ariadne-Faden, der uns durch dieses moralische Labyrinth führt. Wo unsere eigenen Interessen betroffen sind, neigen wir natürlich dazu, uns neuen Ideen zu widersetzen, die unsere Denkweise bedrohen. Diese Art Denken ist viel verbreiteter als man im Allgemeinen vermutet und bildet die Grundlage für den Großteil unseres Denkens über jedes Thema, an dem wir ein besonderes Interesse haben. Diese Opposition neuen Gedanken gegenüber ist natürlich eine rein emotionale und irrationale. Und so sieht sich jeder neue Gedanke der unbegründeten Reaktion des Großteils der Menschheit gegenüber: »Es kann nur wahr sein, wenn es mir nützt.« Auch wenn man diese vereinfachte Aussage auf mehrere verschiedene Arten ausdrücken und sich Phrasen bedienen kann, die das Gesicht wahren, ist dies doch die grundsätzliche Reaktion der meisten Leute. Wenn wir unsere eigenen Motive für unser Studium der Telepathie untersuchen, werden wir diese Gefahr sicher in der einen oder anderen dunklen Ecke unseres Bewusstseins lauern sehen. Was letztlich heißt, dass wir alle nur Menschen und fehlbar sind.

Doch gibt es gewisse Richtlinien, die für unsere Zwecke in drei kurzen Sätzen zusammengefasst werden können. Erstens sollten wir nicht versuchen, die telepathischen Fähigkeiten, die wir entwickeln mögen, für unsere rein persönlichen Zwecke einzusetzen. Zweitens sollten wir diese neue Gabe in den Dienst von Gott und der Menschheit stellen: Wir sollten wissen, um zu dienen. Drittens aber sollten wir unsere telepathischen Kräfte unter gar keinen Umständen dazu missbrauchen, jemand anderen gegen dessen ausgesprochenen Willen zu beherrschen. Wir sind uns voll bewusst, dass diese Ratschläge perfektionistisch sind und als solche beachten. Im Allgemeinen können wir das Ideal, das wir zu verwirklichen trachten, nicht erreichen, doch tun wir gut daran, diese Regeln im Vordergrund unseres Denkens zu behalten, wenn wir es mit paranormalen Dingen zu tun haben.

DIE AURA

Rund um jeden Menschen gibt es ein sehr reelles psychisches Energiefeld. Dieses nennt man im allgemeinen die »Aura«, und es gibt eine Menge Dummheiten, die im Zusammenhang mit diesem Begriff verbreitet werden. Für unsere Zwecke genügt es zu wissen, dass eines Menschen Aura eine natürliche Abgrenzung gegenüber der Außenwelt bildet, und dass man diese persönliche Schranke ohne die Zustimmung des Betreffenden nicht durchbrechen darf. Öffnet sich uns ein Mensch freiwillig, können wir ihn auf direkte, telepathische Art beeinflussen – wenn wir uns unserer Motive sicher sind. Doch sollte ein solches Einverständnis nie durch Überredung erzwungen, noch sollten keine Drogen verwandt und vor allem der Kontakt zwischen Freunden und Liebenden nicht ausgenutzt werden.

Man sollte sich vor Augen halten, dass auf der psychischen Ebene die selben Gesetze wie auf der materiellen herrschen, und auch wenn wir uns nicht immer entsprechend verhalten, ist es letzten Endes doch so, dass »wir ernten, was wir säen«.

Es gibt eine wahre Ethik, die nicht nur über die Bräuche der Sippen herrscht, sondern das Gesetz von Ursache und Wirkung anerkennt, welches auf allen Ebenen des menschlichen Daseins gültig ist. Was nun unser Thema der Telepathie anbelangt, können wir sagen, dass es dabei bestimmte grundsätzliche Überlegungen der moralischen Verantwortung gibt, die es zu berücksichtigen gilt. Jeder, der gegen diese Regeln verstößt, wird die Folgen einer solch törichten Haltung früher oder später am eigenen Leib spüren.

ALLGEMEINE BEDINGUNGEN

Wir kommen nun zu jenen allgemeinen Bedingungen, die sich in der Praxis der Telepathie bewährt haben. Dies ist ein heikles Thema. Viele sogenannte »Wissenschaftler« bestehen immer wieder darauf, die Bedingungen ihres eigenen Gebiets vorbehaltlos auf jeden Versuch zu übertragen, zu dem sie sich auf außersinnlichem Gebiet herablassen, und übersehen dabei völlig, dass es gerade diese Bedingungen sind, die den Erfolg des Experiments unmöglich machen.

Hätten wir nämlich zum Beispiel die Möglichkeit, einen Steinzeitmenschen zu fotografieren, und er würde sich ausbedingen, erst den Film aus der Kamera nehmen zu dürfen, um diesen zu untersuchen, wären all unsere Bemühungen vergebens, da unser Film vom selben Licht zerstört werden würde, welches es uns unter normalen Bedingungen erlaubt hätte, eine perfekte Aufnahme zu machen. Unser Ärger über den Ausruf unseres steinzeitlichen Freundes, die Fotografie sei ein Schwindel, wäre mit dem vergleichbar, was Erforscher von psychischen Phänomenen empfinden, wenn sie derselben steinzeitlichen Mentalität unter dem Deckmantel der Wissenschaftlichkeit begegnen. Deshalb sollte man anfänglich nicht auf allzu strenge Bedingungen bestehen. Mit der Zeit wird sich herausstellen, welche Bedingungen nötig sind. Dies wird von Person zu Person variieren, aber nach und nach wird sich ein gewisses Muster herauskristallisieren, das zeigt, wo die Bedingungen straffer gefasst werden müssen oder gelockert werden können.

Auch wenn es bequemer scheint, für die zwei Personen, die sich an einem telepathischen Versuch beteiligen, die Bezeichnungen »Sender« und »Empfänger« zu benutzen, hat die Erfahrung gezeigt, dass dies zwar nach außen hin zutreffen mag – der Sender »sendet«, der Empfänger fängt das Bild auf und speichert es – die inneren Prozesse sind jedoch nicht ganz gleich. Es zeigt sich aus einer Reihe von Untersuchungen, dass der Empfänger sich in der Mehrheit der Fälle nicht wie ein bloß passiver Spiegel für die »gesendeten« Bilder des Senders verhält, er kontaktiert den Sender genauso aus dem Inneren seines Bewusstseins heraus und empfängt so das Bild, das im Geist des Senders besteht.

Bei dieser Art der telepathischen Übertragung trifft die übliche Analogie zum Radio nicht zu. Es können mehrere Abstufungen der telepathischen Übermittlung auftreten, und diese Tatsache bringt ein Element der Komplexität in unsere Arbeit ein. Hier treffen wir auf einen merkwürdigen Umstand. Wenn der Sender den Empfänger in einiger Entfernung wähnt, entsprechen die Ergebnisse seiner Vorstellung von der Distanz. Stellt sich der Sender vor, der Empfänger befände sich in seiner unmittelbaren Nähe, werden die Resultate plötzlich um einiges besser. Dies scheint die okkulte

Lehre zu bestätigen, in der die innere Distanz eine Frage der Sympathie ist und wenig mit dem eigentlichen Abstand zu tun hat. Auf jeden Fall scheint es zu helfen, wenn der Sender sich so verhält, als befände sich der Empfänger in unmittelbarer Nähe, denn dies erlaubt die bei weitem besten Resultate.

DIE TELEPATHISCHE AUSBILDUNG

Nun kommen wir zur Frage der Ausbildung telepathischer Fähigkeiten. Viele, die auf diesem Gebiet tätig sind, scheinen der Meinung zu sein, die telepathische Gabe sei etwas, das man nicht zu üben braucht. Jene aber, die dieser Frage etwas sorgfältiger nachgegangen sind, haben begriffen, dass diese Fähigkeit erst erweckt, gefestigt und sorgfältig ausgebildet werden muss. Dazu gibt es eine Reihe von Methoden, die telepathischen Fähigkeiten zu erwecken, doch ist es vor allem sehr wichtig, sich fest zu wünschen, sie mögen sich zeigen, damit diese auch wirklich aktiviert werden können.

Wir sehen um uns herum die ganze Zeit Beispiele von unbewusster Telepathie, was darauf schließen lässt, dass es nur wenig braucht, um diese ins Wachbewusstsein zu rufen. Aber ist dies einmal geschehen, gilt es zu üben, damit es nicht zu dem kommt, was man ein »spontanes Talent« nennt, unzuverlässig und unsicher in der Anwendung. In gewissen okkulten Organisationen ist die Ausbildung telepathischer Kräfte zu einer hohen Kunst perfektioniert worden, und so tritt dort eine Qualität der Telepathie auf, wie ich ihr außerhalb solcher Logen selten begegnet bin. Es gibt jedoch nichts Geheimes an den Methoden dieser Okkultisten. Vor allem legen sie großen Wert auf die systematische Ausbildung von sowohl

Sender als auch Empfänger. Dabei ist es durchaus möglich, dass eine Gruppe von Leuten eine kombinierte Botschaft an eine Einzelperson aussendet, genauso wie ein Einzelner mit einer größeren Gruppe kommunizieren kann. Ich bin beiden Formen dieser Telepathie begegnet und habe dabei festgestellt, dass es die regelmäßige und disziplinierte Übung ist, die Ergebnisse zeigt.

Doch schenken wir jetzt unsere Aufmerksamkeit den näheren Bedingungen, unter denen unsere Versuche durchgeführt werden sollen. Zunächst müssen wir uns dabei unserem Thema als etwas nähern, von dem wir glauben, dass es möglich ist. Unser »Glaube« mag nicht mehr und nicht weniger als den geistigen Versuch beinhalten, uns dem Gegenstand unserer Studien gegenüber neutral zu verhalten. Es wird allgemein angenommen, der Sender müsse sich längere Zeit auf das Gedankenbild, das er auszusenden wünscht, »konzentrieren«. Man glaubt auch, der Sender müsse seine Botschaft um so intensiver übermitteln, wenn der Aufenthaltsort des Empfängers sich in einiger Entfernung befindet. Dies ist nicht so. Die Zeitspanne, während der Sender aktiv ist, kann den bloßen Bruchteil einer Minute betragen, und eine stärkere Konzentration über längere Zeit kann jede Gedankenübertragung verhindern.

Die eigentliche Maschinerie der Telepathie findet sich sowohl in den unbewussten Schichten des Geistes des Senders und des Empfängers. Man braucht lediglich vom Sender zu verlangen, dass er sich ein so klares Bild wie möglich von dem Gedanken macht, den er auszusenden wünscht, und dies mit dem dazugehörigen Gefühl verbindet. Es ist oft die mangelnde emotionelle Aufladung, die den telepathisch Sensitiven scheitern lässt. Moderne Parapsychologen haben begonnen, diesen Umstand zu begreifen, und verwenden nun bei der Übertragung andere Bilder als die der Zener-Karten oder geometrische Diagramme.

ABSICHT UND VISUALISIERUNG

Das gefühlsgeladene geistige Bild, welches durch die bewusst ausgerichteten Bemühungen des Senders zustande gekommen ist, muss nun unter den bestmöglichen Bedingungen auf dessen eigenes Unbewusstes übertragen werden. Dies bringt uns zu einigen Überlegungen betreffend »Absicht« und »Visualisierung«. Der Begriff der Absicht, wie er hier verwendet wird, ist ein Akt des Willens, durch den wir die geistige Maschinerie des Unbewussten für die auszuführende Aufgabe öffnen. Es soll eine ruhige und stete Willensanstrengung sein, die allzu heftige Bemühungen ausschließt. Dasselbe gilt für alle feineren psychischen Phänomene, wie auch für das regelmäßige Üben von Konzentration, Meditation und Visualisierung.

Dazu eine Geschichte aus den frühen Tagen von Dr. Annie Besant, die damals noch Schülerin des theosophischen Genies Helena P. Blavatskys war. Dr. Besant saß ihr gegenüber und versuchte sich entsprechend der ihr von Madame Blavatsky gegebenen Anweisungen zu konzentrieren. Plötzlich bemerkte Madame Blavatsky ganz sanft: »Meine liebe Annie, Sie sollen sich nicht mit den Augenbrauen konzentrieren!« So machte sie Dr. Besant darauf aufmerksam, dass sie die Muskeln ihres Gesichts anstrengte, weil sie sich so sehr konzentrierte.

Die meisten Anfänger machen denselben Fehler, der sich aus der engen Verbindung zwischen unserem Körper und unserem Geist ergibt, wobei der Körper auf die verschiedenen geistigen und emotionellen Spannungen reagiert. So entsteht eine »Körpersprache«, die dies automatisch zum Ausdruck bringt. In unserer telepathischen Arbeit nimmt sie oft die Form einer Stimme an, die uns gerade dann anspricht, wenn wir sie am wenigsten brauchen können, und eine unserer ersten Aufgaben besteht darin, sie zum Schweigen zu bringen. Dies geschieht, indem man sich zur Entspannung anhält. Es gibt vielerlei Entspannungstechniken, doch die hier vorgeschlagene ist sowohl einfach als auch äußerst wirksam. Auch gibt es bestimmte Atemübungen, die dabei sehr helfen können. Hat man einen entspannten Zustand erreicht, ist man als Sender bereit, dem Empfänger die Botschaft zu übermitteln. Wir haben bereits erwähnt, dass man sich dabei nicht allzu sehr anstrengen soll. Dieses Bild wird so klar wie möglich visualisiert, was bedeutet, man muss seine Fähigkeiten zum Visualisieren gut trainieren, natürliche Visualisierungsfähigkeiten sind leider nicht so häufig anzutreffen. Und dies bedeutet wiederum, dass man seine Visualisierungskraft vorher ausbilden muss, denn auch wenn man bereits über ein gutes Vorstellungsvermögen verfügt, ist es von Vorteil, wenn man dies auch zuverlässig einzusetzen weiß.

PROJIZIERTE BILDER

Es gibt Leute, die auf jede glatte Oberfläche schauen können, zum Beispiel auf ein Stück Papier, und darauf ein Bild entstehen lassen. Unter bestimmten Voraussetzungen können diese Bilder auch von anderen erkannt werden, die während der Projektion auf das Papier schauen. Hier handelt es sich um geteilte Telepathie, und es sind in dieser Richtung eine Vielzahl von Versuchen unternommen worden.

Um nun aber auf unseren Sender zurückzukommen. Dieser setzt sich also in einen entspannten Zustand hin und bekräftigt seine Absicht, das Bild oder die Vorstellung von seinem Geist auf sein hochempfindliches Unterbewusstsein zu übertragen, um daraufhin die entsprechenden unbewussten Geistesebenen des Empfängers anzusprechen. Wenn die nötigen Voraussetzungen vorhanden sind, wird seine Botschaft auf den bewussten Geist des Empfängers einwirken und so von ihm aufgenommen werden. Wie gesagt, wenn die Bedingungen stimmen, denn es tritt oft eine eigenartige zeitliche Verzögerung auf, die bei telepathischen Versuchen besonders häufig ist. Dabei wird die Botschaft zwar zum Zeitpunkt der Übertragung empfangen, doch aus irgendeinem Grund zurückgehalten oder auch völlig unterdrückt. Dies hat mit den Aktivitäten des bewussten Geistes des Empfängers zu tun. Bei der experimentellen Arbeit gibt es allerdings meist einen zwingenden Grund, der dazu führt, dass die empfangenen Bilder sofort auftauchen. Wie dies vor sich geht, hängt vor allem vom psychologischen Typ des Empfängers ab. Dieser kann eine innere Stimme hören oder ein Bild sehen. Manchmal ist es aber auch ein klares und eindeutiges Wissen – ohne jegliches Bild. Gelegentlich kann es auch ein starker geistiger Eindruck sein. Auch gibt es Fälle, wo der bewusste Geist des Empfängers gar nicht erst betroffen ist, und wo die Botschaft durch etwas, das »automatisches Schreiben« genannt wird, zum Ausdruck kommt. Es kann auch vorkommen, dass mehr als einer dieser Kanäle gleichzeitig benutzt werden.

EIN FALL VON AUTOMATISCHEM SCHREIBEN

Im Zusammenhang mit dem Empfangen von telepathischen Botschaften mittels automatischen Schreibens sind viele Fälle in den Annalen der psychischen Forschung verzeichnet. W. T. Stead, Journalist und Reformist, der beim Untergang der Titanic ums Leben kam, verfügte über die Fähigkeit, telepathische Botschaften auf diese Weise von anderen zu empfangen, wie auch Fräulein E. K. Bates, eines der frühen Mitglieder der S. P. R., und es gibt viele andere, die ihre Erfahrungen mit dieser Art von telepathischem Empfang niedergeschrieben haben. Einst gelang es auch mir und ein Beispiel dürfte von Interesse sein. Zu jener Zeit lebte ich einige Meilen von London entfernt, wo auch mein Lehrer in diesen Dingen lebte. Eines Tages folgte ich einem Impuls, ganz ohne vorher darüber nachgedacht zu haben, nahm Papier und Bleistift und bereitete mich auf das automatische Schreiben vor. Zu meiner Überraschung schrieb ich: »Ich bin in der Schweiz und wohne in einem Hotel hoch oben in den Bergen. Ich sitze auf der Terrasse des Hotels und betrachte den Sonnenuntergang über den schneebedeckten Bergen.« Diese Botschaft kam als völlige Überraschung, da ich nicht wusste, dass mein Lehrer die Stadt verlassen hatte. Um der

Sache nachzugehen, rief ich seine Londoner Telefonnummer an. Die Haushälterin war am Apparat und sagte mir, dass mein Lehrer Urlaub in der Schweiz machen würde. Als ich meinen Lehrer das nächste Mal sah, fragte ich ihn nach der Botschaft. Er sagte, alles würde haargenau stimmen, doch sei er sich nicht bewusst gewesen, etwas ausgesandt zu haben. Dies war auch bei den Freunden von W. T. Stead der Fall, die durch automatisches Schreiben meiner Hand mit ihm kommunizierten. Auch hier handelte es sich um unbewusst ausgesandte Botschaften, deren Inhalt sich jedoch mit den Tatsachen deckte. Es scheint also, dass ein Teil unseres inneren Bewusstseins auf paranormaler Ebene sehr aktiv sein kann, ohne dass der bewusste Verstand etwas davon weiß.

KAPITEL III
KÖRPERLICHE UND PSYCHOLOGISCHE BEDINGUNGEN

ir wenden uns jetzt der kurzen Andeutung zu, die wir im letzten Kapitel zum Begriff der »Distanz« machten. Ich erklärte, wie der Sender beim Aussenden seiner Botschaft dadurch beeinflusst wird, ob er sich vorstellt, der Empfänger befindet sich ganz in seiner Nähe oder weiter weg, und wie dieser Faktor die Resultate der Versuche mitbestimmt. An dieser Stelle möchte ich mich nun ausführlicher zu dieser Frage äußern, da sie tatsächlich von wesentlicher Bedeutung ist. Wir sind es gewohnt, unsere Umgebung als durch Raum und Distanz von uns getrennt wahrzunehmen, und ein normales Leben auf dieser Welt wäre denn auch unmöglich, würden wir uns nicht an diese Abstände halten. Leider besteht die Tendenz, den Gedanken des materiellen Abstandes auch auf die nicht-physische Ebene zu projizieren, auf der wir unsere telepathischen Versuche unternehmen. Wir sind es gewohnt, uns als eingekapselte Wesen zu sehen – als Wesen, die von allen anderen Dingen getrennt existieren –, doch werden wir uns nach einiger Erfahrung im Umgang mit telepathischen und psychischen Kräften bald davon überzeugen, dass es Aspekte unseres inneren Wesens gibt, die immer in einer Art Kontakt mit allen anderen Wesen stehen. Auch wenn dem so ist, wird uns die Annahme, der Empfänger befände sich durch einen Abstand vom Sender getrennt, negativ beeinflussen, und die Resultate unserer Vor-

stöße werden davon abhängig sein. Der Gedanke, dass wir unsere Botschaft über eine gewisse räumliche Distanz übermitteln müssen, wird von uns als eine Art Einschränkung empfunden werden, die uns dazu bringt, innerlich zu zweifeln, ob wir in der Lage sein werden, unsere Gedanken so weit zu projizieren. Das Unterbewusstsein, das immer bereit ist, den kleinsten Suggestionen unseres bewussten Geistes zu folgen, wird deshalb reagieren, indem es die Resultate unserer Versuche einschränkt. Wenn wir uns jedoch den Empfänger als jemanden vorstellen, der sich in unserer unmittelbaren Nähe befindet, wird das Unbewusste auch diesem Gedanken entsprechen und unserem Gefühl der Distanz nicht stattgeben, um unsere Resultate zu beeinträchtigen.

Das ganze Konzept von »nah« und »fern« nimmt eine neue Form an, wenn wir anfangen, bei unseren telepathischen Versuchen Erfolg zu haben. Dann beginnen wir auf eine neue Art zu denken und erlangen so eine gewisse Freiheit von dem durch den Körper eingeschränkten Denken, dem wir normalerweise ergeben sind.

EIN FESTES SYSTEM

Bisher habe ich nur über die Grundvoraussetzungen gesprochen, die wir bei unseren telepathischen Versuchen brauchen. Es gibt natürlich auch andere, die uns entweder helfen oder stören können. Die erste Voraussetzung ist, dass wir uns ein eindeutiges System für unsere Versuche zu eigen machen sollten. Alle Resultate sollten sofort und nach jedem Versuch schriftlich festgehalten werden – nichts davon darf auf später verschoben werden. Das menschliche Gedächtnis ist etwas Unzuverlässiges. Wir neigen ganz unbewusst dazu, den Ablauf der Dinge geistig zu verändern, wenn wir sie nicht auf der materiellen Ebene irgendwo festgehalten haben. Wir neigen auch dazu, gewisse Dinge zu betonen und andere zu vergessen – eine Tatsache, die Polizeibeamten und anderen, die auf Zeugenaussagen angewiesen sind, hinreichend bekannt ist. Wenn Sie Ihre Versuche jedoch lediglich als interessante Studien dessen angehen, was Ihnen paranormal erscheinen mag, und Sie keine wissenschaftlichen Studien weltweit veröffentlichen möchten, können Sie natürlich viele dieser Voraussetzungen übergehen.

Manch einer mag beim Lesen das Gefühl gehabt haben, als mache ich das Ganze viel zu kompliziert, denn es würde genügen, sich hinzusetzen und zu wollen, dass der Empfänger den übermittelten Gedanken auffängt, um Ergebnisse zu zeigen, ohne dass man sich dazu mit allerlei Vorbereitungen abplagen müsste, wie ich sie vorgeschlagen habe. Dies mag tatsächlich reichen – für einige. Wie auch immer, was hier vor Ihnen liegt, ist das Ergebnis langjähriger praktischer Erfahrungen auf diesem Gebiet.

Verbunden mit der Notwendigkeit ist eine andere Voraussetzung nötig. Der aktuelle Versuch sollte nicht nur aufgezeichnet werden, sondern auch die physikalischen Umweltbedingungen sollten notiert werden. Mondphasen, das Wetter (wie Wolken, Regen, Wind und Anderes wie zum Beispiel die elektrostatische Aufladung der Atmosphäre) und hundert andere Bedingungen sollten ebenfalls festgehalten werden. Psychische Phänomene – und Telepathie ist ein psychisches Phänomen – werden durch subjektive Reaktionen auf atmosphärische Veränderungen beeinflusst. Zum Beispiel hat die Stellung des Mondes einen eindeutigen Einfluss auf uns Menschen, und solche Einzelheiten können relevante Veränderungen in der psychischen Verfassung des Einzelnen mit sich bringen.

ABLENKUNGEN VON AUSSEN

Auch die unmittelbaren Bedingungen, unter denen der Versuch stattfindet, sollten festgehalten werden. Dies sind zum Beispiel die Temperatur des Raumes, in dem der Versuch stattfindet, oder mögliche Ablenkungen wie laute und störende Geräusche (oft empfand ich das ständige Ticken der Uhr meines Großvaters im Raum als überaus störend), die Form des Zimmers und letztlich auch die psychische Verfassung der Teilnehmer – vor allem von Sender und Empfänger.

Schließlich, und dies ist sehr wichtig, sollten sowohl Sender als auch Empfänger in einer ruhigen, ausgeglichenen Stimmung sein. Es sollte zuvor also kein heftiger Meinungsaustausch über den Ablauf des Versuches stattfinden. Dies ist sehr wichtig, denn solche Gefühlsregungen verhindern das Auftreten psychischer Fähigkeiten, oder, wenn sie sich zeigen, können sie statt des gewünschten geistigen Bildes sehr wohl die gefühlsgeladenen Gedanken des Senders reflektieren. Dies wäre zwar immer noch Telepathie, doch kein Resultat einer kontrollierten Arbeit. Wir sagen nicht, dass diese Art von Telepathie falsch wäre, denn die meisten Fälle von spontaner Telepathie haben einen emotionellen Inhalt. Was wir sagen, ist, dass diese dazu tendieren, bei kontrollierten Versuchen die Resultate negativ zu beeinflussen.

Eine der wichtigsten Voraussetzungen bei der experimentellen Telepathie ist die Geduld! Es gibt so viele Menschen, die versuchen, mit ASW, der Telepathie oder sonstigen psychischen Phänomenen zu arbeiten, und die nicht realisieren, dass man bei der ersten Sitzung kaum mit Resultaten rechnen darf – auch nicht bei der fünften – und die aus diesem Grund das Ganze bald angewidert fallen lassen. Kürzlich hörte ich jemanden sagen: »Telepathie? Ich habe es fünf Mal versucht, doch ist nichts dabei herausgekommen. Ich hege so meine Zweifel, ob es überhaupt funktioniert.« Was diese Leute nicht verstehen, ist, dass es in uns möglicherweise außersinnliche Wahrnehmungsorgane gibt, die ähnlich wie die äußeren Sinnesorgane funktionieren, und die auf Eindrücke reagieren, die von einer paranormalen Quelle ausgehen. Die Sinnesorgane des Körpers haben sich über viele Millionen von Jahren hinweg entwickelt, aber es ist gut möglich, dass die außersinnliche Wahrnehmungskraft nicht so gut entwickelt ist. Dennoch tauchen in zunehmendem Maße Menschen auf, in denen diese Sinne aktiv zu sein scheinen, und auch wenn diese Sinne in vielen Fällen vom Wachbewusstsein nicht wahrgenommen werden, braucht es nur wenig, damit wir uns ihrer gewahr werden.

ÄUSSERE PSYCHISCHE BEDINGUNGEN

Solche Menschen geben die besten Empfänger ab, denn es sind diese von Natur aus Sensitiven, die ihre Gabe durch den praktischen Einsatz erweitern und vergrößern, um so zu einer größeren Handlungsfreiheit auf telepathischem Gebiet zu gelangen. Man kann nicht immer gleich wissen, ob jemand über telepathische Kräfte verfügt oder nicht, nur wiederholte Versuche können das Wissen bringen. Eines ist aber klar, wie wir in unzähligen Versuchen herausgefunden haben: Diese Menschen sind oft sehr empfindlich den äußeren Umständen gegenüber, die wir bereits erwähnt haben: Mond, Sonne, Wetter und Gefühlen. Diese Empfindlichkeit äußeren Einflüssen gegenüber bringt ein Element der ständigen Ungewissheit in unseren Forschungsbereich ein. Unabhängig davon kann dies jeden Versuch negativ beeinflussen, bis man sie unter Kontrolle gebracht hat. Es ist sehr wichtig, dass die Teilnehmer an einem telepathischen Versuch realisieren, dass Sender und Empfänger menschliche Wesen sind und deshalb emotionelle Reaktionen zeigen können, die Grund für den Erfolg oder das Scheitern eines Versuchs sein können.

Wir schlagen deshalb vor, eine Serie von etwa zehn Vorversuchen durchzuführen, ohne dass man dem Sender oder dem Empfänger die Anzahl ihrer »Erfolge« oder »Misserfolge« mitteilt. Dies wird sie vor Niedergeschlagenheit bewahren, da es anfänglich einen hohen Prozentsatz an Fehlschlägen gibt. Nimmt man eine Einheit von zehn Übertragungen als Maßstab an, kann man die Erfolge und Misserfolge leicht messen. Letztere überwiegen anfänglich meist, es sei denn, man ist sofort an an zwei Menschen geraten, die nicht nur sehr sensitiv, sondern auch gefühlsmäßig aufeinander abgestimmt sind. Diese Sympathie der Gefühle ist meistens das Anzeichen für eine tiefere innere Sympathie, den sogenannten Rapport.

Wir schlagen deshalb vor, wenn möglich, unter mehreren Leuten ein erstes Team von drei oder vier Paar Sendern und Empfängern zusammenzustellen, um diese zu kombinieren, bis sich zeigt, welcher Sender am besten zu welchem Empfänger passt. Diese Zwei werden die Ersten unserer Versuchsreihe bilden. Wenn man weiß, dass sich unsere telepathischen Kräfte durch deren systematischen Einsatz ausprägen, kann man annehmen, dass sich nicht nur unser erstes Forscherpaar entwickeln wird. So sollten sich auch die anderen Mitglieder der Gruppe als Sender und Empfänger versuchen. Deren Misserfolge mögen größer sein als die des ersten Paares, doch da jede telepathische Reaktion sich durch Übung verstärken lässt, wird man bald über ein zweites Team verfügen. Auch dieses Paar kann mit der Zeit durchaus erfolgreich sein, was wieder einmal beweist, dass Beharrlichkeit der halbe Erfolg ist.

LANGEWEILE ERHÖHT DAS SCHEITERN

Es ist von Personen, welche die Resultate solch psychischer Versuche analysiert haben, wiederholt festgestellt worden, dass der Fehleranteil sich vergrößert, wenn sich die Versuchspersonen bei den Versuchen langweilen. Dieser Faktor bleibt immer unsicher, da Menschen sehr verschieden reagieren. Haben unsere Versuche zu lange gedauert oder verliert man aus anderen Gründen das Interesse, fangen sich die Fehler an zu häufen, bis es praktisch keine Erfolge mehr gibt. Wenn die Versuche jedoch nicht zu lange dauern und die Botschaften einen interessanten Inhalt haben, wird der Prozentsatz an Erfolgstreffern steigen. Ist der individuelle Rapport zwischen zwei Personen einmal entwickelt und gefestigt worden, wird sich der Prozentsatz der Erfolge erhöhen, und mit etwas Übung werden die Versuche immer weniger von Gefühlen und anderen Faktoren abhängig sein, die ihrem

Gelingen zuvor im Wege standen. Diese negativen Faktoren kann man nie ganz überwinden, aber sie werden nicht mehr so störend wie zu Beginn sein. Auch die Art und Weise, wie sie die Ergebnisse beeinflussen, werden sich bei jedem weiteren Versuch ändern.

EIN »BILDLICHES BEWUSSTSEIN«

Unser Unterbewusstes ist hauptsächlich ein »bildliches Bewusstsein« und reagiert viel stärker auf Bilder und Objekte als auf abstrakte Gedanken. Mit Bildern meine ich natürlich nicht nur visuelle Bilder, es geht auch um Projektionen der anderen Sinne wie Tasten, Schmecken, Hören und Fühlen. Wenn die auszusendende Botschaft mehr als eine dieser Sinneswahrnehmungen vermittelt, hat sie eine größere Chance vom Unterbewussten des Empfängers aufgenommen zu werden. Was man auch immer für ein Bild nimmt, um die Konzentrationsfähigkeit zu schulen, es sollte so interessant wie möglich sein und, gleich unseren telepathischen Botschaften, eine Reihe von »Bildern« enthalten, die von allen Sinnen beigesteuert werden.

Das gleiche Prinzip gilt auch für die telepathische Übertragung. Ein Beispiel dafür wäre, wenn man den Sender bittet, das Bild eines Rosenstrauchs in voller Blüte zu übermitteln. Er sollte dabei nicht nur das visuelle Bild vor Augen haben, sondern auch den Duft der Blüten, die Frische der Blätter, die Weichheit der Blütenblätter und den scharfen Stich der Dornen an den Stängeln. Das visuelle Bild kann effektiver übermittelt werden, wenn man es von seiner Umgebung abtrennt. Auch wenn einige Details vom Empfänger registriert werden, können sie leicht als unwichtig abgetan und der Versuch als Fehlschlag empfunden werden. Tatsächlich kann es sich dabei aber sehr wohl um Telepathie gehandelt haben, auch wenn das eigentliche Bild nicht aufgenommen wurde.

Eine Methode, um das Bild von seinem Hintergrund zu isolieren, ist der Künstlertrick, die Augen mit den Händen abzuschirmen, um so jeden Gegenstand der Umgebung außer dem gewünschten auszuschließen. Man kann sich auch eine Pappröhre verschaffen, durch die man auf das Bild schaut. Für mich hat sich letztere Methode als die wirksamste erwiesen.

In diesem Kapitel haben wir versucht, gewisse Voraussetzungen der psychischen und körperlichen Bedingungen einer erfolgreichen telepathischen Praxis zu erläutern. Es gibt noch andere, doch diese treten in den tieferen Schichten der telepathischen Ausbildung auf und werden später besprochen. Im Übrigen möchten wir darauf hinweisen, dass entgegen den landläufigen Vorstellungen Männer genauso gute Empfänger sein können wie Frauen. Das Geschlecht hat wenig mit der Fähigkeit zu tun, auch wenn es das weibliche Element in jedem von uns ist, welches uns dafür empfänglich macht. Es gibt also viele Männer, die diese Gabe im höchsten Maß besitzen und dazu ausgebildet werden können, ausgezeichnete Empfänger zu sein.

KAPITEL IV
AUSBILDUNG DER TELEPATHIE

m letzten Kapitel habe ich die allgemeinen Bedingungen angesprochen, die bei der telepathischen Gedankenübertragung eine Rolle spielen. Nun wenden wir uns der Praxis und somit der Ausbildung von Sender und Empfänger zu, zusammen mit einer ausführlichen Beschreibung der bei der telepathischen Arbeit angewandten Methode. Manche Leser mögen sich wundern, dass alle an einem telepathischen Versuch Teilnehmenden einer Ausbildung bedürfen. Dies ist jedoch unerlässlich, auch wenn wir bis dahin nur die Ausbildung von Sender und Empfänger erwähnt haben. Es ist äußerst wichtig, dass sich alle Beteiligten wie eine Einheit verhalten und jeder dank der ihm entsprechenden Technik zu den Resultaten beisteuert. So müssen Sender und Empfänger lernen einer Methode zu folgen, die es ihnen ermöglicht, einen exakten wissenschaftlichen Bericht über ihr Vorgehen abzufassen.

Wie erwähnt, ist es – manchmal – tatsächlich möglich telepathische Eindrücke zu übermitteln, indem man sich hinsetzt und einfach »will«, dass die Botschaft empfangen wird. So gelingt es – manchmal – auch, sich einfach hinzusetzen und seinen Geist zu leeren (übrigens ein ziemlich schwieriges Unterfangen), um so die projizierten Botschaften zu empfangen. Es ist ebenfalls möglich, einen exakten und wissenschaftlichen

Bericht über diese Vorgänge zu verfassen, ohne es gelernt zu haben, doch ist auch das nicht so einfach, wie es klingen mag.

SENDER UND EMPFÄNGER

Wenden wir uns nun der Ausbildung des Senders oder »Agenten« zu. Dieser muss sich übrigens auch als Empfänger üben – und auch der Empfänger sollte senden können. Eine Schulung beider Fähigkeiten beugt einer möglichen Voreingenommenheit und der einseitigen Entwicklung vor. Ausgleich bei dieser Arbeit ist eine wichtige Voraussetzung. Allerdings sind die Gefahren einer einseitigen Entwicklung größer für den Empfänger als für den Sender, da Ersterer unter Umständen zu empfindlich auf äußere Einwirkungen reagieren kann. Beide Ausbildungen sind getrennt vorzunehmen, auch wenn sie sich in großen Teilen überschneiden.

Zuerst sehen wir uns kurz die Ausbildung des Senders an. Hier wird die eigentliche Botschaft vom bewussten Verstand abgefasst und auf das Unbewusste des Senders übertragen, und derselbe Mechanismus findet auch beim Empfänger statt, nur dass die Botschaft hier, außer beim automatischen Schreiben, aus dem Unterbewusstsein auftaucht und sich dann im bewussten Verstand manifestiert. Beim automatischen Schreiben hingegen übergeht die Nachricht den bewussten Verstand und wird gleich von der Motorik der Hände übernommen. In beiden Fällen ist das Unbewusste der eigentliche Agent, und es gilt einerseits, die vom Sender bewusst abgefasste Botschaft auf dessen Unterbewusstes, andererseits vom Unterbewussten des Empfängers auf dessen bewusstes Gewahrsein einwirken zu lassen.

ENTSPANNUNGS- UND ATEMTECHNIKEN

Deshalb muss ein Weg gefunden werden, um diese beiden Geistesebenen miteinander zu verbinden, so dass das Unterbewusste – oder zumindest ein Teil von ihm – ins Wachbewusstsein übergeht. Dies kann durch den Einsatz von Entspannungs- oder Atemtechniken geschehen, wie sie in esoterischen Schulen benutzt werden. Das Prinzip, worauf diese Übungen beruhen, fußt auf der Tatsache, dass der normale Mensch sich, besonders heutzutage, in einem ständigen Stresszustand befindet, und dieser zu einer ungewollten Verkrampfung zwischen Körper und Geist führt. Kann sich der Körper entspannen, wird ihm auch der Verstand folgen. Nun ist der meiste Stress in Wirklichkeit emotioneller Natur, und da Atem und Gefühle in enger Beziehung zueinander stehen, eignen sich die folgenden Übungen besonders gut für die telepathische Praxis. Wenn Sie sich davon überzeugen möchten, dass dies so ist, wird Ihnen der folgende kleine Versuch helfen.

Wenn Sie sich mitten in einem Zustand emotionalen Stresses befinden, fangen Sie an, langsam ein- und auszuatmen. (Man zähle beim Einatmen bis fünf, halte den Atem bis zwei an, atme bis fünf aus und zähle nochmals bis zwei – damit sich der Kreis schließt.) Wenn Sie mit dieser Atmung eine Minute fortfahren, werden Sie feststellen, dass Ihre Gefühle sich wesentlich beruhigt haben oder sogar verflogen sind. Der Grund ist, dass Sie gar keine heftigen Gefühle aufbringen können, während Sie langsam und tief atmen. Die hinduistischen Yogis stießen schon vor vielen Jahrhunderten auf diese Tatsache und entwickelten gewisse Atemtechniken, die diesem Prinzip Rechnung tragen. Manche dieser Übungen eignen sich mehr für indische Körper und nicht so sehr für den Westen, dessen Psychologie und Körperentwicklung sich sehr von der östlichen unterscheidet. Es gibt jedoch westliche Entsprechungen der östlichen Übungen, und die Übung, die ich hier angegeben habe, funktioniert recht gut.

Beim Anhalten des Atems sollte man die Kehle nicht schließen. Benutzen Sie Ihre Brustmuskulatur, um den Brustkorb davon abzuhalten, in sich zusammenzufallen. Würde jemand die richtige Stelle Ihres Brustkorbs berühren, während Sie den Atem anhalten, muss die Luft jederzeit entweichen können – es darf keinen Widerstand in der Kehle geben. Dieses tiefe Atmen massiert übrigens das Sonnengeflecht, jenes Nervenzentrum, das eng mit den Gefühlen zusammenhängt, auf sanfte Art und reduziert so den Stress in dieser Gegend und verhindert unwillkürliche emotionelle Reaktionen.

Diese Reduktion von nervösen Spannungen beeinflusst den ganzen Körper und lockert Muskelverkrampfungen. Man kann sie vertiefen, indem man die folgende Übung macht. Setzen Sie sich ruhig auf einen bequemen, aber nicht zu weichen Stuhl und machen Sie eine Minute lang die angegebene Atemübung. Nun konzentrieren Sie sich auf Ihren Kopf und ziehen dabei die Kopfhautmuskeln zusammen. Entspannen Sie sie wieder und gehen Sie dann zu Ihren Gesichtsmuskeln über. Spannen Sie diese an – und hierbei besonders die Stirn – und entspannen Sie sich wieder. Nun gehen Sie den gesamten Körper entlang und spannen Ihre Muskeln an, um sie dann wieder zu entspannen, bis Sie jeden Körperteil von Kopf bis Fuß durchgegangen sind. Anfänglich werden Sie die Neigung verspüren, gewohnte Spannungen automatisch wieder aufzunehmen, doch hört dies mit etwas Übung bald auf, und Sie werden in der Lage sein, sich in völlig entspannter Haltung zu erholen. Es ist ein sehr erholsamer Zustand, und ist es Ihnen einmal gelungen, diesen zu erreichen und einige Zeit lang ohne größere Anstrengung aufrechtzuerhalten, können Sie zum nächsten Schritt übergehen.

DER KONDITIONIERTE REFLEX

Nehmen Sie irgendein Wort oder ein Symbol, das Ihnen gefällt, und verbinden Sie es mit dem Gefühl der ruhigen, angenehmen Entspannung, die Sie bereits kennen. Mit der Zeit wird dieses Wort jedes Mal, wenn Sie es (laut oder leise für sich) sagen oder das betreffende Symbol visualisieren, zum gewünschten Entspannungszustand führen. Ist es Ihnen gelungen, das Wort oder Symbol mit diesem Zustand zu verbinden, haben Sie eine Technik gemeistert, die man konditionierter Reflex nennt.

Sie können natürlich auch mit Ihren telepathischen Versuchen beginnen, ehe Sie diese Technik gemeistert haben. Der einzige Unterschied besteht darin, dass Sie je nach Fortschritt in der Kunst der Meditation mehr Erfolge und weniger Misserfolge verbuchen werden. Je eher Sie dies also gemeistert haben, desto besser.

EIN TYPISCHER VERSUCH

Nun kommen wir zu einer detaillierten Beschreibung eines vorsätzlichen telepathischen Versuches. Erst einmal muss der Raum, oder die Räume, wo dieser Versuch stattfindet, eine vernünftige Temperatur aufweisen; nicht zu heiß, nicht zu kalt. Beide Extreme würden Sie nur in Ihrer Arbeit behindern. Setzen Sie sich hin. Die Stühle sollten bequem, aber nicht zu bequem sein. Nun sollte es Ihnen möglich sein, jedes beliebige Bild zu sehen, welches Sie übermitteln wollen, ohne sich dabei übermäßig anstrengen zu müssen. Das Bild selbst kann flach vor Ihnen auf dem Tisch liegen, man kann es aber auch aufrecht vor sich aufbauen oder einen Halter von der Art benutzen, wie ihn Sekretärinnen beim Abschreiben verwenden. Feste Gegenstände kann man einfach auf einen Tisch stellen. Wenn sich der Empfänger im selben Raum wie der Sender befindet, muss man einige Vorkehrungen treffen, damit dieser die Gegenstände nicht sehen kann, und dies erreicht man am besten, indem man den Tisch abschirmt, auf dem die Bilder oder Gegenstände sich befinden, und an dem der Sender sitzt. Der Empfänger kann sich mit Ohrenstöpseln behelfen, die ihn davor bewahren, auch nur vom geringsten Geräusch gestört zu werden.

Einer der Anwesenden sollte Protokoll führen. Seine Arbeit besteht darin, die Bilder, Symbole, Zeichnungen oder Gegenstände vorzulegen, die beim Versuch benutzt werden, und er muss auch die genaue Uhrzeit festhalten, zu der der Versuch stattfindet, wie auch alle anderen relevanten Daten wie atmosphärische Bedingungen, Raumtemperatur, Mondstellung (Neumond, voll, zu- oder abnehmend), wie auch jedes andere Detail, das den Versuch beeinflussen könnte. An erster Stelle steht hier die geistige, emotionale und körperliche Verfassung des Senders (wie auch des Empfängers, besonders wenn sich dieser im selben Raum aufhält).

Sollten sich Sender und Empfänger in getrennten Räumen befinden, sollte auch beim Empfänger jemand zugegen sein, der diese Einzelheiten notiert. Dabei ist sehr wichtig, dass keine unnötigen Gespräche stattfinden, und auch, wenn möglich, der Außenlärm auf ein Minimum eingeschränkt wird. Natürlich ist dieser letzte Ratschlag perfektionistisch und nicht immer durchführbar. Doch wenn wir uns etwas Ruhe verschaffen können, ist das sehr hilfreich.

SUBVOKALISIEREN

Ob die Versuche in einem einzigen Zimmer stattfinden oder der Empfänger sich in einem anderen Raum aufhält, ist wirklich eine rein praktische Frage, denn es stehen nicht immer gleich mehrere Räume zur Verfügung. Ist ein separater Raum verfügbar, so ist das von Vorteil, denn es schließt die Möglichkeit aus, dass der Empfänger vom Sender durch unbewusstes »Flüstern« Hinweise erhält. Dies meint, dass der Sender, ganz ohne es zu wissen, ausspricht, was er zu übermitteln beabsichtigt, völlig automatisch und ohne jedes Geräusch. Der Empfänger, der sich in einem Zustand erhöhten Gewahrseins befindet, kann diese leisen Töne jedoch auffangen.

In diesem Zusammenhang haben vielerlei Versuche mit mesmerisierten und hypnotisierten Personen aufgezeigt, dass in ihnen ein Zustand der »Hyperästhesie« oder extremer Sensibilität wachgerufen wird, und ich habe solche Fälle erlebt, wo mesmerisierte Personen leises Flüstern aus einer Entfernung von mehr als zwanzig Metern hören konnten. Diese extreme Sensitivität kann ein telepathisches Experiment ruinieren, und so ist es besser, wenn der Sender sich in dem einen Zimmer und der Empfänger sich in einem anderen befindet.

Wenn dies möglich ist, sollten die Protokollführer in den beiden Räumen ihre Uhren abstimmen, damit die Zeit des Sendens und Empfangens exakt aufgezeichnet werden kann. Wir haben die Vorbereitungen bereits für den Sender beschrieben.

Welche Vorbereitungen werden nun für den Empfänger benötigt? Es sind die gleichen: Ruhe und Bequemlichkeit. Ebenso Papier und Stifte, damit der Empfänger jeden Eindruck aufschreiben kann, falls er dies möchte. Nochmals, das Licht sollte nicht zu grell sein, doch hell genug, um Notizen machen zu können.

DIE ERSTE ÜBERTRAGUNG

Wir nehmen an, der Protokollführer hat bereits einige Bilder, Symbole, Zeichnungen oder kleine Gegenstände gesammelt, welche für das Experiment benutzt werden sollen. Diese hält er unter Verschluss, zeigt sie niemanden vorher und arrangiert sie so, dass nur jeweils ein Objekt, Bild oder Symbol zur Zeit benutzt werden kann. Der Raum ist vorbereitet und alles ist nun fertig für die erste Übertragung. Der Protokollführer nimmt eines der Objekte, Symbole oder Bilder und platziert es vor dem Sender, der am Tisch sitzt. Ruhig und entspannt durch die vorher beschriebenen Übungen betrachtet der Sender nun das Bild oder Objekt. Inzwischen notiert der Protokollführer Einzelheiten über den betreffenden Gegenstand, über das Bild oder Symbol in seinem Protokoll, wo er bereits alle anderen wichtigen Daten festgehalten hat. Genau zum vereinbarten Zeitpunkt gibt er dem Sender das Startzeichen.

Der Sender konzentriert sich jetzt sofort auf das Bild oder

den Gegenstand und betrachtet diesen sorgfältig, mit der gezielten Absicht, dessen Bild dem Empfänger zu übermitteln. Er schaut ihn ruhig und entspannt an. Dies darf ihm weder körperliche noch geistige Mühen bereiten. Gleichzeitig sollte er sich aber vor Augen führen, dass der Empfänger sich ganz in seiner Nähe aufhält, im gleichen Zimmer gar. Je stärker er sich dies vorstellen kann, desto besser für das Experiment. Die Gegenwart des Empfängers auf diese Weise anzunehmen, trägt wesentlich zum Erfolg des Versuchs bei, da die mit der Übertragung eines Bilds über einen räumlichen Abstand verbundenen Hemmungen und Zweifel dadurch für kurze Zeit aus dem Bewusstsein des Senders verdrängt werden.

Das eigentliche Aussenden der Botschaft sollte nicht mehr als zwanzig oder dreißig Sekunden betragen, danach soll der Sender einhalten.

VOM EMPFÄNGER VERWENDETES VERFAHREN

Das vom Empfänger eingesetzte Verfahren unterscheidet sich wenig. Er sollte sich in derselben Weise entspannen und beruhigen. Nun versucht er etwa fünf Sekunden lang einen bewussten Kontakt zum Sender herzustellen, mit der Absicht, von ihm die Botschaft in seinem Hirn zu empfangen. Danach sollte der Empfänger sich ausruhen und auf Eindrücke warten, die sich bei ihm einstellen. Diese sollte er hörbar beschreiben, wofür sich ein kleines Tonbandgerät als sehr nützlich erweist. Wenn er es wünscht, kann er seine Eindrücke während des Sprechens auf einem Blatt Papier festhalten, er kann auch eine Zeichnung davon machen. Er sollte ebenfalls auf alle weiteren Sinnesreize achten, die sich ihm als

Duft, Laut oder Gefühl präsentieren und den Hintergrund des Haupteindrucks bilden. All dies zu verzeichnen braucht natürlich mehrere Minuten, deshalb stellt man für jeden Versuch etwa zehn Minuten bis zu einer Viertelstunde bereit. Die Eindrücke dringen als Ganzes ins Unterbewusste des Empfängers, doch braucht es eine Weile, bis sie in seinem bewussten Verstand auftauchen, und so muss man ihm etwas Zeit lassen. Manche Eindrücke können sich sogar noch Stunden später einstellen, und genau dieser verzögerte Empfang kompliziert die Versuche.

Nun sollte sich der Empfänger von seinen Anstrengungen erholen und kehrt zu seinem Normalzustand zurück. Er kann diese Denkpause ausnutzen, um im Zimmer umher zu gehen, denn dies wird seine Gedankengänge unterbrechen. Dann ist er bereit für einen weiteren Versuch. Auch der Protokollführer hat sein Tonbandgerät zu Beginn des Versuchs angeschaltet und es abgestellt, als der Empfänger mit seinen Bestrebungen aufhörte. Wenn kein Tonband zur Verfügung steht, müssen alle Äußerungen des Empfängers aufs Genaueste niedergeschrieben werden. Das ist gar nicht so einfach, es sei denn, man kann stenografieren, und es ist in jedem Fall besser, ein Tonbandgerät zu benutzen.

Der Protokollführer sollte in seinem Protokoll eine vollständige Beschreibung aller Bedingungen aufzuführen, die zu Beginn eines jeweiligen Versuchs gelten. Es kann jedoch vorkommen, dass plötzlich neue Bedingungen auftreten und diese müssen sofort notiert werden, da sie einen wichtigen Einfluss auf den weiteren Verlauf und die Resultate des Versuchs haben könnten. Es ist eine Frage der Absprache, wie viele Versuche im Laufe einer Sitzung durchgeführt werden; man richte sich dabei nach den Wünschen der Beteiligten. Auch gilt es zu bedenken, dass müde, gelangweilte oder unwillige Sender und Empfänger meist wenig gute Resultate hervorbringen. Wir schlagen mindestens fünf Übertragungen pro Sitzung für den Anfänger in der Telepathie vor, doch kann man es mit der Zeit auch öfter probieren. Es ist wichtig, dass weder Sender noch Empfänger ihre zugewiesenen Zimmer verlassen, bis sie ihren Normalzustand wiedererlangt haben.

VERZÖGERTER EMPFANG

Wir haben die Frage vom »verzögerten Empfang« bereits erwähnt und möchten hier noch weiter auf dieses Phänomen eingehen. Die Eindrücke erreichen den Empfänger am Stück, doch treten sie nicht alle zur selben Zeit in dessen Bewusstsein. So können manche von diesen Eindrücken auch verzögert, unter anderen Umständen, auftreten. Deshalb sollte der Empfänger jedes relevante Gedankenbild aufschreiben, das plötzlich wie aus dem Nichts zu ihm kommt, und da diese Eindrücke die Tendenz haben, so schnell zu verschwinden, wie sie gekommen sind, muss man sofort aufzeichnen.

Bei meiner Beschreibung eines typischen Versuchs in telepathischer Übertragung habe ich danach getrachtet, Ihnen ein Modell für eigene Versuche zu liefern, und habe dafür die Resultate meiner langjährigen persönlichen Erfahrungen genutzt.

KAPITEL V
HYPNOTISCHE UND
MESMERISCHE TELEPATHIE

Im letzten Kapitel haben wir uns mit der bei der telepathischen Ausbildung üblichen Technik befasst. Es gibt jedoch noch weitere Arten, auf die diese Fähigkeit zur Anwendung gebracht werden kann. Eine von diesen betrifft den Einsatz des Mesmerismus oder der Hypnose. Ich persönlich unterscheide zwischen diesen Beiden, auch wenn sie im Allgemeinen als ein und dasselbe Ding mit zwei verschiedenen Namen betrachtet werden. Durch den Großteil meiner Arbeit ist es meine Überzeugung, dass die »Hypnose« lediglich Teil eines weitaus größeren Bereichs ist.

Der Begriff Hypnose wurde von einem Dr. James Braid geprägt. Dieser war Zeuge einer Reihe von Darbietungen im Bereich des Mesmerismus, wobei er von gewissen Phänomenen beeindruckt wurde, die nicht als Schwindel abgetan werden konnten. Zu jener Zeit wurde das Thema Mesmerismus in medizinischen Kreisen heiß diskutiert und viele Scharlatane entdeckten den Mesmerismus als lukratives Geschäft. Der eigentliche Vorgang wurde nach seinem Entdecker, dem französischen Arzt Dr. Anton Mesmer benannt. Aus verschiedenen Gründen zog dieser das Missfallen der französischen Ärztegesellschaft auf sich, und es wurden zwei Kommissionen beauftragt, sich mit den angeblichen Phänomenen des »animalischen Magnetismus« auseinanderzusetzen. Die

Kommission des Jahres 1784 verhielt sich den Ansprüchen des Mesmerismus gegenüber sehr feindselig, doch die zweite Kommission, 1831, war ihr zugeneigter. Leider war aber die unverhohlene Gegnerschaft der englischen und der französischen medizinischen Gemeinde derart, dass sich fähige Ärzte wie Esdaile (der in einer Spezialklinik in Indien umfangreiche Amputationen in einem speziellen mesmerischen Krankenhaus durchgeführt hatte und von der indischen Regierung unterstützt wurde) und Dr. Elliotson in London (der von seinen eigenen Mitarbeitern aus dem Krankenhaus vertrieben wurde) mit einer Flut von Schimpf- und Verleumdungsakten seitens ihrer Kollegen konfrontiert sahen.

In Verbindung mit der Arbeit Esdailes in Indien ist festgehalten worden, dass er solch bedeutende chirurgische Eingriffe, wie die Amputation von Gliedern oder das Entfernen von riesigen Skrotum-Tumoren, ohne jegliche Betäubung vornahm. Jeder, der die Geschichte der Chirurgie vor der Entdeckung des Chloroforms kennt, wird eine Ahnung davon haben, welche Leiden zu jener Zeit ganz allgemein mit Operationen verbunden waren. Der große Vorteil der mesmerischen Methode lag darin, dass der Patient völlig schmerzfrei war und dass der postoperative Schock – an dem damals die meisten Patienten starben – sich auf ein Minimum beschränkte. Trotz der anerkannten Schmerzlosigkeit dieser Operationen behauptete ein bekannter Arzt öffentlich, Esdailes Patienten würden bei solchen Amputationen, zum Beispiel eines Armes oder Beines, nur vorgeben keine Schmerzen zu empfinden, obwohl er nicht bestritt, dass sie bei vollem Bewusstsein waren. Oder dass sie in Ohnmacht gefallen waren! Esdailes Antwort auf diesen Blödsinn war seine Aufforderung, dieser Arzt möge sich doch selbst in ohnmächtigem Zustand einer Operation unterziehen. Unnötig zu sagen, dass dieser Vorschlag abgelehnt wurde.

ANIMALISCHER MAGNETISMUS

Die gesamte Lehre der Mesmeristen beruht darauf, dass es eine bestimmte vitale Energie gibt, die »animalischer Magnetismus« genannt und die vom Körper des Operateurs gesandt wird und gewisse abnorme Zustände hervorruft. Wegen des damaligen Klimas in medizinischen Kreisen, und leider auch noch lange Zeit danach, galt die Annahme, es könnte sich nervöse Energie von einer Person zur anderen übertragen, als völlig unhaltbar und wissenschaftlich absurd. Es konnte einfach nicht so sein, also waren jene, die etwas Derartiges behaupteten, Lügner, Scharlatane oder Irrende.

Aber wer auch immer weiterhin solche Behauptungen aufstellte, wurde nach wie vor unerbittlich von jenen Ärzte verfolgt, die nicht daran glaubten. Dann kam Dr. Baird mit einem neuen Gedanken, der auf seinen Beobachtungen einiger »mesmerischer« Demonstrationen beruhte. Diese Vorführungen in Musikhallen oder an anderen öffentlichen Orten hatten das Ihre dazu beigetragen, das ganze Thema in Verruf zu bringen, weil mesmerische oder hypnotische Darbietungen bislang keinen Einschränkungen unterlagen. Dr. Braids Theorie ermöglichte es der Ärzteschaft einige der mesmerischen Theorien zu akzeptieren. Noch heute halten die meisten Ärzte nichts von den Grundlagen dieses Systems. Insbesondere war dies die angebliche Übertragung von Energie von einer Person zur anderen, denn Dr.

Braids bewies, dass es möglich war, außergewöhnliche Bewusstseinszustände auf einfache Art, durch den Einsatz von verbalen Suggestionen, hervorzurufen, wobei diese Suggestionen besonders stark durch die Anwendung jener »hypnotischen« Techniken unterstützt wurden, die er selbst entwickelt hatte.

So blieb ein Rest der alten mesmerischen Technik erhalten, doch die von uns, die mit beiden Techniken gearbeitet haben, sind überzeugt, dass es weitaus schwerer ist als Mesmerist denn als Hypnotiseur zu arbeiten. Die heutige parapsychologische Forschung wird nun zunehmend in Russland und hinter dem eisernen Vorhang im Ostblock, wie auch in Amerika, durchgeführt und scheint Mesmers Arbeit mehr und mehr zu bestätigen. Die »Kirlianfotografie«, die klar aufzeigt, dass eine Art Energie den Körper verlässt, ist nur einer der sich häufenden Beweise für Mesmers Theorien.

HÖHERE PSYCHISCHE PHÄNOMENE

Es ist richtig, dass viele mesmerischen Phänomene durch hypnotische Techniken erreicht werden können, die, wie die Mesmers, eine gewisse Kontrolle über das Unterbewusste der Versuchsperson ermöglichen. Auch viele der erweiterten Bewusstseinszustände, die durch die mesmerische Methode möglich werden, können durch rein hypnotische Mittel bewirkt werden. Wenn Hypnose zu Bewusstseinserweiterungen führt, gilt es als erwiesen, dass der jeweilige Hypnotiseur alle Qualitäten eines Mesmeristen aufweist, so dass es die unbewusste mesmerische Gabe ist, die hier zum Erfolg verhilft. Doch darf man nicht verallgemeinern und es dürfte eine Reihe von unbekannten Faktoren geben, die hier noch eine Rolle spielen.

Um diesen Teil unserer Abhandlung über die mesmerischen und hypnotischen Techniken zu Ende zu führen, dürfen wir sagen, dass ein Patient auch ganz ohne Behandlung durch einen Therapeuten dazu geführt werden kann, ohne äußere Hilfe in einen Trancezustand einzutreten. Dies nennt man »Autohypnose« oder »Automesmerismus« und es gibt Hypnoseschulen, die behaupten, jegliche Hypnose werde durch die Versuchsperson selbst hervorgerufen, die mittels eigener Suggestionen einem gewissen inneren Pfad folgt.

TRANCEZUSTÄNDE

Heute wird beim Hervorrufen von hypnotischen oder mesmerischen Zuständen oft die Suggestion angewandt; so sagt man der Versuchsperson zum Beispiel, sie solle sich an einen fremden Ort begeben und beschreiben, was sie dort sieht. Dazu gibt man ihr eine Reihe von eindeutigen Befehlen, die dazu entworfen wurden, ihr ein Bewusstsein des eigenen inneren Potenzials zu ermöglichen. Dabei stellt sich eine feine Verbindung, ein Rapport zum Operateur her, eine Sympathie, die es diesem ermöglicht, bei der Versuchsperson einen Trancezustand hervorzurufen, wobei er nicht einmal wissen muss, dass ein solcher Versuch stattfindet. Manche russischen Forscher berichten über bedeutende Erfolge auf diesem Gebiet. Hier besteht offensichtlich eine starke telepathische Verbindung zwischen der Versuchsperson und dem Operateur, auch wenn es sich dabei um eine einseitige Kommunikation handeln kann. Es gibt auch Methoden, dank derer der Operateur »mit den Augen der Versuchsperson« sehen kann, doch können wir hier nicht auf diese Fälle eingehen. Der große Vorteil eines psychischen Rapports zwischen dem Operateur und der Versuchsperson besteht darin, dass die telepathischen Kräfte dadurch unmittelbar angesprochen werden, was eine sehr effektive Methode ist.

Der Nachteil ist, dass eine eigenartige psychologische Abhängigkeit seitens der Versuchsperson entstehen kann, die zu beachtlichen Schwierigkeiten in der Beziehung führen kann. Deshalb rate ich dringend jedem, der nicht über umfangreiches Wissen auf diesem Gebiet verfügt, davon ab, Telepathieversuche zu unternehmen, die sich dieser Methoden bedienen.

Beiläufig sei erwähnt, dass die Techniken, die von den Spiritisten eingesetzt werden, um solche Kräfte zu entwickeln, ein Beispiel für den kombinierten Einsatz beider Methoden, der mesmerischen und der hypnotischen, sind. Ein Teil der Gruppe bildet ein »Reservoir« an psychischer Energie, mit der Absicht, in jedem psychische Kräfte zu erwecken. Hier beeinflusst die in der Gruppe vorherrschende Einstellung die Resultate. Die psychische Energie richtet sich durch das von allen beigesteuerte Energiereservoir auf die Gruppe selbst und bedingt so die Suggestivkraft des dominierenden Gedankens, was wiederum dazu führt, dass sich psychische Kräfte manifestieren. Ob es dabei auch zu telepathischen Impulsen seitens anderer Wesen kommt, die ebenfalls zugegen sein können, ist eine Frage, die den Rahmen dieses Buches sprengt.

HALLUZINOGENE

Ein weiterer Weg, telepathische Sensibilität zu erwecken, ist durch den Einsatz von Drogen möglich. Solche »Halluzinogene« sind zu diesem Zweck in allen Kulturen und zu allen Zeiten eingesetzt worden. In den jüngsten Jahren ist es zu einem Aufleben dieser Drogenbräuche gekommen. In manchen Fällen öffnen sich dabei die psychischen Kanäle tatsächlich, doch geschieht dies meist auf sprunghafte und unkontrollierbare Weise und führt zu unerwünschten Nebenwirkungen. Aus diesen Gründen würde ich jedem davon abraten Drogen zu benutzen, um psychische Kräfte wachzurufen. Ich bin vielen begegnet, die es bereuten, sie für diesen Zweck eingesetzt zu haben und die sich von den unangenehmen Symptomen ihrer Experimente zu befreien suchten. »Leicht ist der Abstieg in die Hölle«, sagt ein alter Spruch und ich würde hinzufügen: »Schwierig, überaus schwierig ist der Weg zurück.«

Manche sagen, dass die Art, auf welche die psychischen Eindrücke unsere Gehirnzelle erreichen, ein chemisch-organischer Prozess ist, wobei gewisse Substanzen von den Körperdrüsen in kleinsten Mengen ausgeschieden werden. Deshalb wäre es angebrachter, im Falle jener Drogen die extrem kleinen Dosen der Homöopathie zu verwenden und einen Tropfen der betreffenden Substanz einer Million Teile Wasser beizufügen, statt sie in den gefährlichen Quantitäten einzunehmen, mit denen so viele ihre psychische Gesundheit riskieren. Wie auch immer, der beste Weg ist noch, die Finger ganz von den Drogen zu lassen. Das Spiel ist nicht der Mühe wert.

TELEPATHISCHE TRÄUME

Hier kommen wir zu noch einer weiteren Art, wie telepathische Botschaften empfangen werden können, nämlich durch unsere Traumbilder. Es ist auf diesem Gebiet viel Forschung betrieben worden, die über das Auftreten von telepathischen Träumen Auskunft gibt. Wir können dabei dasselbe Vorgehen anwenden, wie wir es bei der Telepathie im Wachzustand gemacht haben, wenn auch mit einigen kleinen Variationen. Der Sender braucht seine Methode nicht zu ändern, nur der Empfänger muss sich ein bisschen anpassen. Er muss sich bewusst sein, dass jeder Eindruck, den er aus dem Schlafzustand herüberzuretten vermag, durch die Traumebene seines Unterbewussten hindurch dringen muss und durch diese Reise beeinflusst wird. Die moderne Psychologie hat uns ein Bild von diesen Traumebenen vermittelt, und dies deutet darauf hin, dass es in jedem von uns viele geistige Bilder gibt, die stark mit Gefühlen beladen sind und ständig versuchen, aus dem Unterbewussten aufzutauchen, jedoch von einer Art geistigen Schranke ständig ins Unterbewusste zurückgedrängt werden. Nur wenn sich diese aufgeladenen Gedanken irgendwie verhüllen können, erreichen sie den bewussten Geist. Ihre Verkleidung ist die Symbolik. Unsere Träume drücken sich in Sinnbildern aus, die für die Antriebskräfte jenseits der unterdrückten Gedanken stehen.

Deshalb ist die Traumdeutung eine wahre Wissenschaft. Diese wurde zuerst von Freud und seinem Schüler Jung aufgegriffen. Für Freud war Sex die zentrale Energie hinter allen Traumbildern. Da er über dieses Thema liberaler dachte als seine Zeitgenossen, wurden seine Theorien dankbar angenommen, da sie von den beschränkten und engstirnigen Ansichten des viktorianischen Zeitalters wegzuführen schienen. Jung wartete mit einer sogar noch freieren Interpretation sexuellen Verhaltens wie Freud auf. Es gilt noch zu bemerken, dass Freud, Schutzpatron vieler materialistischer Psychologen, eine Abhandlung über die Telepathie schrieb.

KAPITEL VI
TELEPATHIE UND GEISTHEILEN

ls die Psychologen anfingen, die Methodik der Traumanalyse anzuwenden, gelangten sie zur Einsicht, dass zusätzlich zu der Bilderflut, die aus den Tiefen unseres Geistes auftaucht, noch weitere Bilder und Eindrücke existieren, die keine Verbindung zu den anderen zu haben scheinen. So sehr die Psychologen auch versuchten, sie sinnvoll in bestehende Modelle einzugliedern; diese vereinzelten, eigenartigen Gedanken und Bilder passten einfach nicht in das gewohnte Traumbild. In vielen Fällen handelte es sich dabei um Gedanken von Menschen, die sich entweder nahebei aufhielten oder in einer anderen sympathischen Verbindung zum Träumer standen.

Um diesem Hinweis nachzugehen, wurden einschlägige Versuche unternommen mit einer Person, die dem schlafenden Empfänger Bilder, Symbole oder Botschaften sandte. Es gibt positive Beweise dafür, dass solche telepathischen Botschaften von der schlafenden Versuchsperson aufgefangen und in die Traumbilder eingefügt wurden und sich die Person auch nach dem Aufwachen daran erinnern konnte. Wenn wir aber so leicht beeinflusst werden können, wenn wir uns im Schlafzustand befinden, könnte es genauso gut sein, dass wir ständig Botschaften des kollektiven Bewusstseins um uns herum empfangen. Hierin sehen wir eine indirekte Verbindung zwischen diesen Versuchen und der Arbeit des verstorbenen Edgar Cayce. Er konnte offenbar mit Menschen Kontakt aufnehmen, die er niemals gesehen hatte und von denen er nichts wusste.

VERSUCHE MIT PFLANZEN

Wäre es nicht möglich, dass wir, wie manche Mystiker behaupten, ständig mit der ganzen Menschheit in Verbindung stehen – mit allen lebenden Dingen? Hierzu gibt es neuere Versuche mit Pflanzen, die darauf hinweisen, dass diese durch die Gedanken ihrer Umwelt beeinflusst werden. In manchen Experimenten führte der bloße Gedanke des Forschers, dass er einer Pflanze Schmerz zufügen wolle, zu einer messbaren Reaktion mit einem Instrument, das den Fluss des Pflanzensaftes und andere Druckverhältnisse maß. Der Naturmystiker proklamiert die Einheit der gesamten Schöpfung und wartete wohl nur auf diese Entdeckung.

Okkultisten sprechen schon seit langem vom »Astrallicht«, beschrieben als ein Bereich von Gedanken und Gefühlen, das den gesamten Planeten umgibt und sich gar jenseits der Grenzen unseres Sonnensystems ausbreitet. Alles Leben lebt und bewegt sich innerhalb dieser umhüllenden Atmosphäre, wobei das Astrale das Kommunikationsmittel und der Kontakt zwischen allen Daseinsformen auf Erden ist. Sogar die sogenannten toten Energien des Mineralreichs werden in diese große Einheit allen Lebens miteinbezogen. Deshalb gilt der Bereich des Astrallichts als Ort, an dem große paranormale Energien anzutreffen sind, und es wird behauptet, dass diese Energien alles Leben auf unserem Planeten beeinflussen.

Wir haben es also hier mit einem Reservoir an außersinnlichen Kräften zu tun, von denen behauptet wird, sie könnten durch den Einsatz gewisser Techniken, die durch die Jahrhunderte entwickelt wurden, angezapft werden. Tatsächlich kann es vorkommen, dass auch Menschen ohne bewusste Kenntnisse solch okkulter Techniken Kontakt mit der einen oder anderen dieser Mächte aufnimmt und diese auf mehr oder weniger zuverlässige Weise benutzt. Manche von diesen Energien kennt man unter dem Sammelbegriff Geistheilen, und es gibt eine Vielzahl von Gruppen, die versuchen, kranken Menschen auf diese Art zu helfen. Das Heilen ist ein sehr komplexes Thema und derart mit Emotionen besetzt, dass man damit sehr vorsichtig umgehen muss, und wenn wir es hier erwähnen, dann vor allem, weil wir glauben, dass bei den meisten Geistheilungen ein telepathisches Element mitspielt.

ENERGIEÜBERTRAGUNG

In einer Zeitung las ich anlässlich einer parapsychologischen Konferenz, dass ein Arzt eine Theorie vorstellte, die – basierend auf einer von ihm unternommenen, präzisen experimentellen Forschung – vorschlug, dass manche Formen von außersinnlichem, paranormalem Heilen einer Energie zu verdanken sind, die vom Heiler auf die Patienten übertragen werden und die sich des telepathischen Impulses als einer Art Trägerwelle bedienen. Das von vielen Heilern praktizierte »Fernheilen« kann auch auf diese Weise erklärt werden, und es ist schon möglich, dass die körpereigenen Heilkräfte durch diese Energie geweckt und zu gutem Einsatz gebracht werden.

Viele Heiler bestehen jedoch darauf, dass ihre Kraft von Wesen paranormalen Ursprungs gelenkt und gefestigt wird, wohingegen andere wiederum behaupten, ihre Kraft käme direkt von Gott. In dem Sinn, dass alle Kraft von Gott kommt, haben beide Parteien wahrscheinlich Recht, doch beide Seiten glauben oft nur selbst im Recht zu sein und die anderen nicht. Dann sind da noch jene, die behaupten, beide Seiten lägen falsch und plädieren für ihre Methoden der Heilung. Es ist aber auch möglich, dass die heilenden Energien nicht in allen Fällen telepathischen Wellen zuzuschreiben sind, sondern auf eine andere Weise wirksam werden.

Wir haben diese körpereigene Heilkraft, die Regenerationsfähigkeit des Körpers, bereits erwähnt, die ständig bemüht ist, uns bei guter Gesundheit zu halten, und diese innere Energie kann dazu gebracht werden, im Körper Resultate zu zeigen, die als Wunderheilungen angesehen werden. So ist es sehr wohl möglich, dass es dem in dieser inneren Kraft enthaltenen Stimulus über den erhaltenen telepathischen Impuls zu verdanken ist, dass eine tatsächliche Heilung stattfindet. Auch hier können wir annehmen, dass das wunderbare Heilprinzip innerhalb unseres Organismus eine Manifestation des göttlichen Willens darstellt, der alle Erscheinungen mit Energie erfüllt und lenkt. Möglicherweise kann die erweckte Kraft auch die vielen Mächte und Energien des Astrallichts auf sich ziehen.

PARANORMALE WESENHEITEN

Wie gesagt behaupten manche Heiler, von außersinnlichen Wesen unterstützt zu werden, und wieder andere haben gesagt, es bestünde eine enge Beziehung zwischen ihnen und solchen Wesen, bei denen es sich in der Regel um die Seelen Verstorbener handle. Sensitive Menschen, denen von solchem Heiler geholfen wurde, haben ab und zu Gestalten wahrgenommen, die sich in unmittelbarer Nähe aufhielten, auch wenn sie den genauen Augenblick der Fernheilung nicht kannten. Hier scheint es sich um einen energiegeladenen, telepathischen Impuls zu handeln, der die Gestalt jenes Menschen annimmt, der sie aussendet. Es sind viele Fälle solcher »Gesichter der Lebenden« in den Annalen des S. P. R. verzeichnet, doch sollten wir uns daran erinnern, dass ein großer Teil dieses Beweismaterials vielmehr für die Theorie der »Astralprojektion« spricht, wo das Bewusstsein eines Menschen dessen Körper in einem feineren Körper verlässt, den man normalerweise »Astralkörper« nennt. So ist es möglich, dass der Heiler sich in seinem Astralkörper tatsächlich in der Nähe des Patienten aufhält.

Manche Patienten, die durch Fernheilung behandelt wurden, haben die Umrisse körperloser Geister gesehen, die die unsichtbaren Helfer jener Heiler waren.

Es besteht meiner Meinung nach kein Grund dafür, weshalb eine Methode der Geistheilung einer anderen überlegen sein sollte, doch da diese Aussage auf heftige emotionelle Reaktionen stoßen dürfte, möchte ich hier nicht weiter darauf eingehen. Ich habe lediglich versucht aufzuzeigen, wie die Telepathie eine der Wurzeln dieser Wege des Heilens sein mag.

KAPITEL VII
TELEPATHISCHE
GEDANKENFORMEN

s gibt viele Frauen und Männer, die sich damit begnügen, ihre telepathischen Kräfte einzusetzen, ohne sich dabei um die Theorie oder die Natur der Kräfte zu kümmern. Ihnen reicht, dass ihre Gabe funktioniert, auch wenn es andere Leute gibt, die wissen möchten wie. Diese Leute stehen vor einem sehr großen Forschungsgebiet. So müssen wir uns auch mit der Frage der »Gedankenformen« auseinandersetzen, die zwar innerlich genauso durch die Macht des Denkens aufgebaut werden wie die Telepathie, sich aber getrennt auf Gegenstände und Menschen auswirken können.

Ein Beispiel dafür sah ich anlässlich der Vorführung eines Mediums, das eine Reihe von verschiedenen Erscheinungen beschrieb, die es rund um die Menschen in seinem Publikum wahrnehmen konnte. Als dieses Medium bei einer bestimmten Frau anlangte, beschrieb es in großer Einzelheit einen sehr außergewöhnlich aussehenden Menschen und fragte sie, ob sie diesen Menschen kenne. »Oh ja, natürlich kenne ich ihn«, antwortete die Frau, »er ist die Hauptfigur in einem Roman, an dem ich schreibe, und ich habe viel Zeit daran gegeben, mir sein Aussehen zu vergegenwärtigen.«

Das war ein eindeutiger Fall des psychischen Empfangs eines sorgfältig aufgebauten Gedankenbildes und betont die

Tatsache, dass unsere psychischen Fähigkeiten lediglich die Abwandlung eines grundlegenden psychischen Sinnes sind, genauso wie alle Körpersinne aus dem »Tastsinn« hervorgehen. Diesen psychischen Sinn haben wir als Gegenstück zum »Tastsinn« unter dem Namen »Telepathie« studiert.

Gedankenformen können sich also an Dinge und Menschen haften. Dass nun aber Gegenstände davon beeinflusst werden, wenn sie mit gewissen Gedankenbildern in Berührung kommen, ist das Prinzip hinter der »Segnung« aller zeremoniellen Religionen. Diese Formen werden mit der einen oder anderen Energie aufgeladen und tendieren dahin, bei jener Person, die mit dem symboltragenden Gegenstand in Berührung kommt, ähnliche Gefühle hervorzurufen wie die, mit denen das ursprüngliche Gedankenbild aufgeladen wurde. Im Fall der Weihung werden die Gedankenbilder mit Wesen in Verbindung gebracht, von denen man glaubt, sie würden diese als beständigen Kanal benutzen, durch den sie die Persönlichkeit eines Menschen verändern können, der mit ihnen Verbindung aufnimmt.

DAS POLTERGEIST-PHÄNOMEN

Es gibt noch eine weitere Art, materielle Gegenstände gedanklich zu beeinflussen. Unter bestimmten Voraussetzungen geistiger Anspannung scheint beim Menschen ein partieller Abgang der inneren Energie stattzufinden. Dies scheint in vielen Fällen besonders bei Jugendlichen in der Pubertät aufzutreten. Ein unbewusster telepathischer, mit inneren Energien aufgeladener Impuls geht von ihnen aus, der tatsächlich materielle Erscheinungen wie das Hin- und Herrücken von kleinen Gegenständen, Lichterscheinungen, Lärm usw. hervorrufen kann. Bei diesen Erscheinungen spricht man von einem »Poltergeist-Phänomen« und dies kann jenen, die an dem betreffenden Ort wohnen, sehr lästig sein. Meistens kann man ihnen ein Ende setzen, wenn man dem jeweiligen Mädchen oder Jungen hilft, die Ursache für diese Manifestation zu klären.

Ich habe schon einige Fälle auflösen können und meistens – nachdem man den betreffenden Personen psychologische Hilfe hat zukommen lassen – verschwanden die Störungen. In einigen Fällen schienen jedoch andere Faktoren im Spiel zu sein, wie zum Beispiel bei der bewussten oder unbewussten Beeinflussung durch außersinnliche Wesenheiten. Ein Teil von diesen schienen Seelen Verstorbenen zu gehören, andere ließen jedoch auf einen außersinnlichen Ursprung schließen, der sich in der Aura des Betroffenen festgesetzt hatte. Wo es sich um menschliche Geister handelte, ist mir aufgefallen, dass es meistens schon half, wenn man ihnen vernünftig zuredete, um das telepathische Netz zu durchbrechen, in dem sie gefangen waren.

EXORZISMUS

Bei anderen Wesenheiten war es hingegen nötig eine Art Exorzismus durchzuführen. Die ganze Frage der außersinnlichen Störungen ist eine, in welcher buchstäblich »Narren eilen, wenn Engel erscheinen«. Wir sehen dies heute an der zunehmenden Anzahl von Priestern in der anglikanischen Kirche, und auch in einigen protestantischen Konfessionen, die sich »Exorzisten« nennen. Sie scheinen vage Erfolgsansprüche für ihre Arbeit zu erheben, doch wie berechtigt diese sind, bleibt zweifelhaft.

Eigenartigerweise gab es in der anglikanischen Kirche bereits vor zwei oder drei Jahrhunderten eine ähnliche Plage von klerischen Exorzisten, die offen miteinander wetteiferten, bis ihnen die anglikanischen Bischöfe Einhalt geboten. In der katholischen Kirche wurden Exorzismen nur mit der ausgesprochenen Erlaubnis des zuständigen Bischofs durchgeführt. Dass ein kirchlicher Exorzismus nutzen kann, ist unbestritten, doch haben manche Eskapaden der Möchtegern-Exorzisten zu regelrechten Skandalen innerhalb der Kirche geführt.

Die Spiritisten haben ihre eigenen Methoden, um mit solchen psychischen Vorkommnissen umzugehen, und diese sind mindestens so wirksam wie die der Kirche. Wo es für beide Parteien möglich ist zusammenzuarbeiten, kann es zu sehr guten Resultaten kommen, wie dies bei jenen Studien der Gesellschaft für Psychische Forschung der Fall war, die unter der Schirmherrschaft der anglikanischen Kirche stand. Hier lernten beide Parteien in der Gemeinschaft voneinander.

KAPITEL VIII
ZUSAMMENFASSUNG

ir haben uns in diesem kleinen Buch auf unterhaltsame Weise mit dem Gebiet der Telepathie auseinandergesetzt, doch handelt es sich um ein derart umfassendes Thema, mit schier unendlichen Folgerungen, dass es unmöglich war, an dieser Stelle mehr als nur einige Hinweise zu geben, denen der interessierte Leser folgen mag. Vielleicht tut man gut daran, eine weitere Zusammenfassung dieser Möglichkeiten zu erstellen und dabei festzuhalten, welche Untersuchungslinien Erfolg versprechen.

Wir alle sind im Umgang mit diesen Fragen auf eine ganz bestimmte Weise ziemlich kurzsichtig. Wir empfinden uns alle als unterschiedliche und getrennte Wesen, doch diese Trennung ist eine Illusion. Hinter der Maske der Persönlichkeit findet sich unser wahres Selbst, und dieses wahre Selbst beschränkt sich nicht bloß auf das dreidimensionale Universum, das wir kennen, dem einzigen, dessen unser materielles Selbst gewahr ist. Durch die verschiedenen Kräfte, die sich heute in vielen Menschen zeigen, erlangen wir Einsichten in unsere wahre Natur und erfahren, dass unsere Einsamkeit eine Illusion ist, aufgebaut im Laufe der Evolution, damit wir in der materiellen Welt wirken und uns ausdrücken können. Hinter der Maske der Persönlichkeit verbirgt sich jedoch jenes wahre Selbst, das sich nach den großen Gesetzen und Dimensionen des Lebens ausrichtet, von denen das persönliche Ich wenig weiß. Nur manchmal dringt etwas von seiner wahren Natur in das persönliche Bewusstsein des Einzelnen, unter Bedingungen, von denen wir wenig Ahnung haben.

Die Gedanken, die wir sehen, sind bloße Schatten wahrer Gedanken, trotzdem verbinden sie uns mit dem höheren Denken, und in der telepathischen Praxis wird es manchmal möglich, einen kurzen Kontakt mit dieser erhabeneren Ebene aufzunehmen. Dann sind die Begrenzungen unseres kleinen Ichs für kurze Zeit aufgehoben und wir beginnen uns selbst zu erkennen und sehen uns so, wie wir für dieses größere Licht bestehen. Dort, in jenem Lichtbereich, erfahren und realisieren wir, dass wir nie wirklich von allem getrennt sind – wir sind alle mit dem Einen Leben verbunden – und dort finden wir die Rechtfertigung für all jene menschlichen Pläne, die nach einer Verbrüderung der Menschen trachten. Unsere irdischen Ideale der Bruderschaft entspringen zu einem großen Teil der Notwendigkeit, doch sind sie Abbilder jener wahren Bruderschaft, die nicht hergestellt, sondern nur realisiert werden muss.

Unsere telepathischen Studien mögen uns nur eine flüchtige Minute lang zum Bewusstsein dieser Bruderschaft führen, doch können die Auswirkungen dieses Aufblitzens wahren Bewusstseins unser ganzes Leben von diesem Augenblick an bestimmen und lenken.

Telepathie kann als interessantes Spiel beginnen, es kann aber auch als wertvolle Untersuchung weitergeführt werden, die uns zur Einsicht führt, dass wir Teil von etwas Größerem sind und die Gelegenheit und das Glück haben, uns dem Willen des Allmächtigen unterzuordnen. In der Ausführung dieses göttlichen Plans aber werden wir, wie Dante sagt, unseren wahren Seelenfrieden finden.

WALTER E. BUTLER
PRAXISBÜCHER DER MAGIE

DAS MAGISCHE GESAMTWERK IN 8 BÄNDEN

»Die Aura – Sehen und Deuten«
86 Seiten, ISBN 978-3-937392-58-5

»Telepathie – Die Geheimnisse der geistigen Kommunikation«
92 Seiten, ISBN 978-3-937392-59-2

»Hellsehen – Der Weg zur außersinnlichen Wahrnehmung«
102 Seiten, ISBN 978-3-937392-60-8

»Magische Lehrstunden – Der Meister und sein Schüler«
180 Seiten, ISBN 978-3-937392-63-9

»Die magische Kabbala – Die Pforten des Lichts«
138 Seiten, ISBN 978-3-937392-64-6

»Heilige Magie – Der lichtvolle Pfad des Meisters«
104 Seiten, ISBN 978-3-937392-81-3

»Psychometrie – Die Aura der Gegenstände medial lesen«
88 Seiten, ISBN 978-3-937392-88-2

»Magie – Das Praxisbuch des Magiers«
280 Seiten, ISBN 978-3-937392-82-0

Walter E. Butler

KYBALION EDITION
VON DEM EINGEWEIHTEN
WILLIAM WALKER ATKINSON

KYBALION – DIE 7 HERMETISCHEN GESETZE
144 Seiten, ISBN 978-3-937392-17-2

Kybalion – Hörbuch auf 4 CDs
300 Min., ISBN 978-3-95659-010-8 und als Download auf **www.aurinia.de**

KYBALION 2
Die geheimen Kammern des Wissens
160 Seiten, ISBN 978-3-943012-70-5

KYBALION 3
Die geheimen Lehren der Rosenkreuzer
272 Seiten, ISBN 978-3-943012-98-9

KYBALION 4
Die 7 kosmischen Gesetze – Das Vermächtnis des Meisters
128 Seiten, ISBN 978-3-943012-73-6

KYBALION 5
Schätze des Neuen Denkens
176 Seiten, ISBN 978-3-95659-024-5

KYBALION 6
Mystisches Christentum – Die geheimen Lehren des Meister Jesu
272 Seiten, ISBN 978-3-95659-038-2